上海高校“美术学”高峰学科建设项目

上海·足迹

任意

胡建君　主编

上海大学出版社

总　序

“上美　足迹”系列丛书记录了上海大学美术学院从 1983 年至 2000 年间的一段学院教育发展史。它真实客观地记录了美院这一段耐人寻味的重组、初创、成长的全过程，以及每一位亲自参与其中的学术骨干和学术带头人的亲身经历。

海上知名美术教育家刘海粟在 1912 年创办了上海美术专科学校，简称“上海美专”。后于 1952 年全国院系大调整时迁入南京，与苏州美术专科学校、山东大学艺术系合并成为现在的南京艺术学院。大部分人都不知道的是，上海大学美术学院与“上海美专”这所曾经享誉海内外的著名艺术院校有着密切的承传关系。1959 年，为顺应当时上海城市建设以及文化发展的需要，上海又成立了一所美术专科学校，简称“上海美专”，创办时定为本科院校，即现在上海大学美术学院（以下简称上大美院）的前身。原“上海美专”的骨干教师唐云、吴大羽、张充仁等成为新成立的“上海美专”国画系、油画系、雕塑系的教学骨干。尽管刘海粟创办的“上海美专”迁离了上海，但其海派美术的精髓却经由颜文樑、周碧初、俞云阶、张隆基、李泳森、哈定、白蕉、胡问遂、潘伯荫、程十发、陈佩秋、江寒汀、涂克、吴大羽、唐云、张充仁、陆抑非、郑慕康、周方白、蔡上国、沈之瑜、丁浩等许多海派美术大师在新“上海美专”的教学中真正地传承了下来，发展至今培养了一批称雄于中国的上海艺术家，并为创立新时代的美术流派奠定了基础。“文化大革命”期间，“上海美专”又转为上海美术学校（中专）。1983 年，为顺应改革开放的城市文化建设需求，上海市政府决定在上海美术学校的基础上成立上海大学美术学院，当时美院是独立法人办学机构。这意味着学院从传统美术教育向顺应城市发展需求的当代美术教育转型。

这套丛书较为完整地记录下了美院转型时期的学术观点、教学方法乃至价值观的冲突等。书中很多内容是以口述历史的方式呈现的，目的是如实、客观地记录相关的历史资料，以便后人在研究这段美院历史时有第一手的佐证资料。

改革开放经济率先，市场经济的逐渐建立，引发了人们多元的需求和活跃的思想，随之，人们的审美需求和价值判断也有了多元化的取向。在计划经济时代，人们的需求是按计划统一配给的，审美是没有选择的，价值判断标准也是唯一的。由于海纳百川的文化积淀，改革开放以来，国内没有一个城市能像上海这样，自然而然地接受和融合开放带来的新思想、新概念，其表现在经济上，是对西方科学理念的迅速接受与消化，表现在文化上则是善于洋为中用。上大美院就是在这样新的历史变革背景下重组成立的。

从“凯旋路”到“上大路”

凯旋路30号是上大美院1983年重组建院的地址，那里承载着上海改革开放后的百废待兴、城市发展的文化建设愿景和一代美院人的奋斗理想。

如所有院校一样，上大美院的创建初期是从选院长开始的。最初的院长人选是方增先。在宣布出任上大美院院长后，方增先教授因各种原因未到位。最终，邀请中央美院李天祥教授来担任上大美院院长。当时上海美术学校已经聚集了一批实力雄厚的美术创作和教育人才，在绘画方面有孟光、应野平、俞子才、乔木、陈家泠、王劼音、凌启宁、戴明德、周豹健等；在设计方面有张雪父、胡丹苓、曹有成、沈福根、陆光仪等；在专业基础教育方面有陈向、诸玉凤、乐蓓蒂、陆广年等。在此师资基础上，又从上海出版界引进了李槐之、任意、顾炳鑫、韩和平、金纪发；从油雕院、上海戏剧学院、上海美协引进了章永浩、廖炯模、步欣农、张培础、施忠平等；从全国艺术院校引进了一批骨干教师和优秀毕业生，包括李游宇、周爱兵、张敏、王一先、唐锐鹤、杨剑平、徐建融、潘耀昌、周国斌、黄建平、李超、李晓峰、陈平等。这一批美术英才汇聚于凯旋路30号，成为上大美院的重要师资力量。由于美院多为引进人才，他们对美术教育有着各自不同的思路与方法：从艺术院校引进的教师，重视造型基础，坚持学院派的基础训练；从创作单位引进的教师，重视实践能力，坚持以创作带基础训练；而探索当代艺术的教师，则认为过多的传统基础训练束缚了创新。正因为他们在教学理念与艺术风格上都坚持己见，因此掀起了全院的教学讨论和教学改革实验。油画系廖炯模、凌启宁等老师坚守住了学院派的教学体系，培养了赵以夫、梅琳等一批在国际上享有美誉的艺术家。韩和平在艺术研究所结合社会需求以创作带教育，为上海农民画培养了一批传承人。学院与书画出版社合作整理出版中国古代文献，在卢辅圣、徐建融的指导下，带出了凌利忠、汤哲明、单钧等一批传统书画研究者，并为以后成立史论系打下良好的基础。国画系应野平、俞子才、乔木、顾炳鑫等老先生坚持传统教育，陈家泠则主张笔墨技法的创新和进行形式上的探索，而张培础坚持写生的学院派主张，让学生在掌握传统文化的同时开阔视野，独立思考，培养了丁乙、金江波、龚彦等一批在国际上享有盛誉的当代艺术家，还有在国内崭露头角的后起之秀白璎、丁蓓莉、毛冬华等。雕塑系在章永浩、唐锐鹤的率领下，结合上海城市人文环境品质提升，创作了大量城市雕塑，带出了一支基础扎实、勇于承担重大城市雕塑任务，作风过硬的创作、教学队伍。设计系的张雪父、任意在装潢设计、书籍装帧方面发挥了上海商业美术的重要作用，为上海电影、电视节等重大文化品牌活动以及大型企业的视觉形象设计（石化、电视台、东航等）做出了成绩。在张自申的组织和带领下，在国内率先教学改革，实行学分制探索并结合城市建设需要建立环艺、动画专业，为社会服务的同时培养了一批动手能力强、适应行业需求的应用型人才。

张坚作为当时美术学院的党委书记对校园文化建设做了大量工作，从废弃仓库里的上美沙龙，到丝绸之路万里行，再到自娱自乐的舞会、挥洒青春的篮球场、灯火通明的教学楼，凯旋路 30 号留给美院人太多美好的回忆。这是一个学术争鸣、多元发展、丰富多彩的艺术教育课堂。在那里，为上海改革开放、城市建设培养了一批服务社会的应用型人才，为上海城市文化建设培养了一批领军人才。

1994 年，上大美院被并入新上海大学，2000 年迁入上大路 99 号的新校区，成为综合大学中的二级学院。校址新了，离市区远了，规范化的管理也让本来就没时间概念的师生们到点就离校，渐渐的，本该属于艺术创造者的忘我创作热情被慢慢冲淡。上大路 99 号成为一个“上班”的地方，与凯旋路 30 号相比，少了一点融洽的人情和学术的氛围，而这些恰是艺术教育的生命力之所在。美院人在统一、规范、标准化管理下，从反感、麻木到顺应，在痛苦中发现了理性的智慧之光，学会和经历了从感性到理性、再从理性出发操控感性表现的认识提升过程，学会了战略思考，在学科布局、专业建设上抓住先机，实现了美术学博士点在上海零的突破，而设计学、艺术学理论博士点的申报成功，也奠定了艺术类研究型大学的基础。我们积极发挥上海大学综合大学的学科优势，开创了在美术院校办建筑系的先河，这是上大的首创，也改变了中国建筑专业只在工科院校办的历史。美术院校办玻璃艺术工作室也是我们的首创，它为各大美术院校培养了一批玻璃艺术专业的骨干教师，可谓是中国玻璃艺术教育的“黄埔军校”。上大美院的交互艺术专业在国内艺术院校中也是名列前茅的，这些全新专业的建立和领先地位的取得，是我们探索艺术与科技结合方面取得的成果。

2009 年美院建院 50 周年之际，结合科学发展观的学习大讨论，对上大美院的历史和现状进行了梳理与总结，提出了“都市美院”的发展定位，提出了“平和包容，敢为人先，追求卓越”的学院精神，提出了“个人生存，事业发展，国家需求”三位一体的治学价值观。同时，还提出美院“形散神聚”的多元发展追求。这些理念与观点已逐渐形成上大美院的文化并被认同。

从凯旋路 30 号到上大路 99 号，上大美院经历了从重组、初创到发展、成熟的过程。回首三十余年，有太多的经验教训值得总结。

从“大美术”到“公共艺术”

1983 年重组成立之初，上大美院只有绘画、设计两个专业和一个附中，发展至今已有九个专业、五个一级学科、三个一级学科博士点、一个博士后流动站、一个国家级教学实验中心。在三十余年的时间里将上大美院建设成为上海目前学科门类最齐全的美术类专科院校，顺应了上海改革开放 30 年来经济建设文化发展的需求，并从中抓住了其带给我们的发展机遇，形成了促进事业发展的动力，除此以外，更是依靠学院各专业的老师、学科带头人的不懈努力的结果。

上大美院建院时，李天祥院长提出了“大美术”的办学理念，让美术走出象牙塔为社会服务，在全国艺术院校中率先成立了产、学、研一体化的美术研究所。在这种办学理念的推动下，学院各学科开始探索如何服务社会，当时上海城市雕塑 50% 以上是由上大美院创作的，此外还承担了北京人民大会堂国宴厅、社会厅的装潢设计等国家重大任务，并与国际合作开发了陶瓷的服装配饰系列产品，远销美国、中东。“大美术”以社会服务需求为牵引，打破了学院与社会之墙、专业与专业之墙、教与学之墙、研究与应用之墙，融合专业、社会各方资源，共同合作，共同发展，形成了上大美院的办学特色。

到 20 世纪 90 年代后期，学院将“公共艺术”作为上大美院“211”工程重点学科建设并申报成功。这标志着把“大美术”办学理念形成的特色提升为学科体系建设，由学科特色转化为强势学科。经过了“211”工程的三个五年计划建设，“公共艺术”学科构架已成体系：为本科专业搭建了公共实验教学平台——公共艺术技术实验教学中心（国家级）；为各专业搭建了提升专业能力的学科平台——公共艺术创作中心（上海市艺术重点学科）；为学科服务社会搭建的平台——公共艺术协同创新中心（上海市 2011 项目）；为学科在公共艺术领域中扩大影响力和构建话语权搭建的国际平台——国际公共艺术奖和论坛（与国际公共艺术协会共同主办）；为学科的学术积累和引领搭建的学术平台——《公共艺术》杂志（国内公共艺术唯一的专业杂志）。五个平台有机地构成了一个以对接本科教育为基础，以服务社会提升学科能力为目的，以扩大影响力、建立学科学术导向，赢得话语权为目标的公共艺术学科建设体系。近年来，在本科教育、学科发展、服务社会、国际影响、学术积累方面发挥了积极的作用，也显著提升了上大美院整体办学能力。在 2012 年教育部学科评估全国排名中，美术学、设计学、艺术学理论上大美院均为第 7 名。相比上海的国际影响力和地位来看，我们美院还有很大的提升空间。

从“大美术”到“公共艺术”，是上大美院办学特色和理念的确立过程，是学科建设推进学院发展成长的方法和路径，是从发挥专业优势顺应社会发展需求到主动引领社会发展需求的转变过程，是从参与社会环境改造和经济建设的硬实力建设到深入社区文化建设、提升城市人的自我认同感和审美品质的软实力建设的转变过程。从“大美术”到“公共艺术”的学科发展思路和历程奠定了上大美院良好的学科基础，在改革开放初期和现在的社会转型期都具有现实的指导意义，为上大美院的学科发展指明了方向。

从“上海首届抽象画展”到“约翰·莫尔绘画奖（中国）及作品展”

上大美院从未间断过担当推进上海当代艺术发展历史责任的角色。上海美术界同样经历了中国当代艺术的“85 新潮”运动，上大美院也曾经出现过模仿西方当代艺术形式来对当时美术教育提出质疑的作品，学生上街作行为艺术，周铁海、汤光明等中专学生初生牛犊不怕虎，在校园里自发地组织了针对当下时局不同看法的观念艺术、装置艺术展，引发了各界关注。好在很多老先生非常包容，在保护和引导下化解了矛盾冲突。“85 新潮”过后的上海美术界不像内地其他地方的当代艺术那样趋于政治化，而是转向了艺术本体的探索和解决艺术语言当代性问题。上大美院从某种程度上说，参与和引领了这一探索艺术本体的潮流。在 20 世纪 90 年代初，上大美院聚集一批上海的当代艺术家，举办了上海首届抽象画展，开创了上海当代美术语言探索的先河。学院教师率先投入其中，陈家泠教授从中国传统绘画语言中探索当代语境下的审美表现；王劼音教授探索东、西方表现性语言与构成，结合传统笔墨章法，追求绘画语言在空间的张力；姜建忠教授在学院派的经典表现基础上结合现代表现主义的手法和形式构成，探索建立当代学院派绘画风格。杨剑平、张海平、宋海东、刘建华、夏阳、蒋铁骊等一批雕塑系的老师们代表了上海当代学院派雕塑创作的追求和探索。上大美院的学术创作骨干们的创作形式多样、题材丰富，在作品中渗透着一种浪漫中不乏理性、空灵中不失沉稳的上海特有的艺术气质，已逐步形成了上大美院的艺术风格。于此，也影响了上大美院的美术教育并培养了一批像丁乙、秦一峰、韩峰、王建国、马良、金江波等在当代艺术表现形式探索上取得国内外同行认可的、具有相当影响力的艺术家。

在国际当代艺术从观念、装置、影像又回归绘画表现的趋势转向时，上大美院于 2010 年与英国约翰·莫尔基金会合作，引进英国已有五十余年历史的约翰·莫尔绘画奖的赛制，在中国设立约翰·莫尔绘画奖，并举办获奖者作品展。希望通过该活动建立中国当代美术与西方当代美术的对话机制，把中国的当代绘画推向国际，让世界了解中国的当代绘画，更重要的是建立国际语境下的中国当代绘画评价标准。在第二届约翰·莫尔绘画奖（中国）举办的同时还创办了约翰·莫尔绘画评论奖。学院希望在这样一个国际平台上建立自身的评价体系，构建当代绘画的话语权，推动上大美院的当代美术教育发展。该奖项活动已成功举办了三届，第一届大奖获得者韩锋是我院的研究生，他的作品从3000余幅参赛作品中脱颖而出，终获大奖。这三届获奖作品与英国的获奖作品在英国利物浦双年展期间共同展出，引发了国际当代绘画界的关注和好评。韩锋、李周卫等的作品受英国美术馆画廊邀请办个展，并被国际藏家收藏。

从“上海首届抽象画展”到“约翰·莫尔绘画奖（中国）及作品展”是上大美院在当代艺术创作和教育上探索的过程，是将当代美术从上海地域视野拓展成为国际舞台上参演者立场的方法和目标转变过程，也是从当代美术创作、教育到建立当代美术评价体系，构建国际当代美术话语权的努力过程。经三十余年几代师生的共同努力，上大美院在中国当代艺术创作、教育的探索方面成绩斐然，有目共睹。

作为地处上海的美术学院，我们与上海在国际上的地位和影响力相比还有一定的距离，还需要付出更多努力。

当我们怀念凯旋路的学术氛围时，就应考虑什么样的教育体制、机制能适应师生的学术自主性，让师生成为教育真正的主人。当我们羡慕兄弟院校的发展时，就应更清醒地认清自身的定位，建好自身的学院文化，自信地发展自己的特色，走自己的路。当我们深感上海发展速度对学院学科建设的压力时，就应考虑学科建设如何能进一步引领社会发展，肩负起教育的历史责任。

我从1982年到上海美术学校，经历了天津路、凯旋路、上大路三次校址的搬迁，见证了上大美院的重组、创建、发展、成熟的过程。33年，对于一所学校的历史而言只是弹指一挥间，但对于个人而言却是将一生最美好的时光奉献给了这所学校。上大美院有今天，是有名字在这套丛书中被记载的，或是没有被记载的全体师生员工共同努力奋斗的结果。希望这套丛书能见证这段历史并献给在上大美院工作、学习过的全体师生员工。

汪大伟

2015年9月

装帧设计随想（代序）

任 意

在装帧艺术这条道路上，我整整走了40个年头。这是一条弯曲的小路，是被人忽视的崎岖的小路。很多人望而却步，有的人走了几步就改道了，也有人三心二意地跨着无可奈何的步子。可我却默默地走了40年。也许有人说我傻，也许有人为我遗憾，但我并不后悔。在数以千计的书籍上留下了自己的劳动成果，使数以万计的读者可以在读书的同时获得一点美的享受，我认为这也是一项崇高的事业，也是艺术百花园中一朵鲜艳的小花，它也可以毫无愧色地在艺术的殿堂里占有一席之地。因此，每一个从事装帧艺术的人，应该为能献身于这样的事业而感到自豪。如果说装帧艺术是一座大厦的话，我曾经为它添过一方砖、一片瓦，我为它流过汗水也为它倾注了心血，并且献出了自己的宝贵年华。我感到欣慰和充实。

书籍装帧艺术的篇幅也许是狭小的，但如果真正进入这一领域，那么就会感到这里同样是一片无限广阔的天地，足够每一个装帧艺术工作者驰骋的了。当然这需要付出辛勤的劳动和锲而不舍的工作精神。我没有得天独厚的禀赋，但40年来，我勤奋而严肃地对待自己的作品，不论是大型的系列书，还是小小的图书目录，作品中的每一块色彩、每一行字，或是每一幅图案，都是经过不断推敲和认真琢磨的。装帧艺术决不是色彩、文字和图案（或插图）的随意凑合，它应该是艺术家精心塑造的产物，每一件作品都是经历了形成——推翻——再形成——再推翻这样的无数次反复，一次又一次的琢磨，积累起来，最终才可能导致一幅成功作品的诞生。在这些反复中包含了艰苦的思想劳动。劳动，自然是艰苦的，因它总是要求我们不断以新的构思、新的形式、新的色彩来塑造新的作品。这中间充满着失败和挫折，但几十年来，我一直孜孜探求，锲而不舍，尽管失败多于成功，但我仍乐此不疲。

此文原载《中国美术报》1989年12月2日。

任意（1925—1998），著名装帧艺术家、装饰画家、美术教育家。曾任上海大学美术学院副院长、教授，并兼任中国美术家协会艺术委员会委员、中国美协上海分会主席团委员、工艺美术艺术委员会主任、中国装帧艺术研究会会长，上海市文联委员、上海市政协委员、中国民主促进会上海市委员。

目　录

第一章 艺术人生

我们的父亲

五 颜

20 世纪 50 年代末和父亲在上海人民出版社的花园里合影

父亲年轻时在作画

父亲离开我们已近十年了。这十年里我们常常思念他。他瘦削的身影，矫健的步履，矍铄的精气神儿，梳理齐整的头发，永远拎包的右手和因此微耸的右肩。他就那样定格在我们的思念里，没有力量能让他离去。

在出版界，父亲是一位德高望重的书籍装帧设计家，他的设计理念、设计风格都体现着他在艺术上的不懈追求和探索，他的作品构思巧妙而严谨，画面具有强烈的装饰性，但最重要的是，父亲的每一幅作品的美都是别具一格的，他从来不会应付差事，从来不随随便便打发一个作品，他不允许任何平庸的设计从自己的手中流出去，他的性格中有一种执著叫追求完美。

父亲一生有无数装帧设计，其中有许多让我们子女骄傲的精彩：在莱比锡获银奖的《中国货币史》，在日本获奖的版画《红装素裹》，第一届上海之春的海报，《外国文艺》《世界之窗》《中国历代服饰》《中国历代货币大系》……以及至今还在蓝天上骄傲飞翔的东航之燕。但我们最视为财富的是他的小样集，一帧帧 3—5 厘米见方的手绘封面设计小样，几乎就是微缩的印刷品，工工整整地贴在几厚本 16 开的黑衬纸的影集里，那是父亲装帧生涯最为珍贵的写真集，它记录了父亲设计历程中每一个执著踏实的脚印，记录了父亲个性独特的创作灵感，也记录了父亲精致细腻的绘画技艺。在无须笔墨和调色盘就可绘画的今天，父亲的小样集在我们心中散发着经典般的光芒，它的纸的质地、颜料的质地以及那些可以用指尖触摸的微凸其上的点点笔触，充满灵性地贴近着我们，我们可以从中看到已经流逝的时光，看到永嘉路家中橙黄的灯光，看到父亲在灯下伏案作画的背影。

父亲的《中国货币史》在莱比锡获银奖时是 1959 年，那时我们都还小，不记得曾有什么骄傲的事情在生活中发生，也许是父亲比较低调，也可能是那个年代所有的荣誉都是归功于集体的。小时候父亲并不怎么管我们，我们也不注意大人们一天天都干些什么，除了上学就是和出版社宿舍大院里的一大帮孩子玩，况且那时父亲的绝大多数作品都是在办公室完成的，除了老大余白可以在周日父亲加班的时候到出版社的办公室看父亲作画外，我们实际上并不太知道父亲是怎么画画的。父亲常常要工作到很晚才回家，有时候父亲会拿几个小样回来让我们选出自己最喜欢的那一幅，这通常是他一时无法在几个设计方案中作出抉择，需要走一下群众路线，搞一点民意调查。而每当这时我们都会非常认真又异常兴奋地各抒己见，如果谁的选择最终被肯定，在心里洋洋得意一番是免不了的。但也有无法判定的时候，比如父亲设计第一届上海之春

莱比锡银奖奖章正面

莱比锡银奖奖章反面

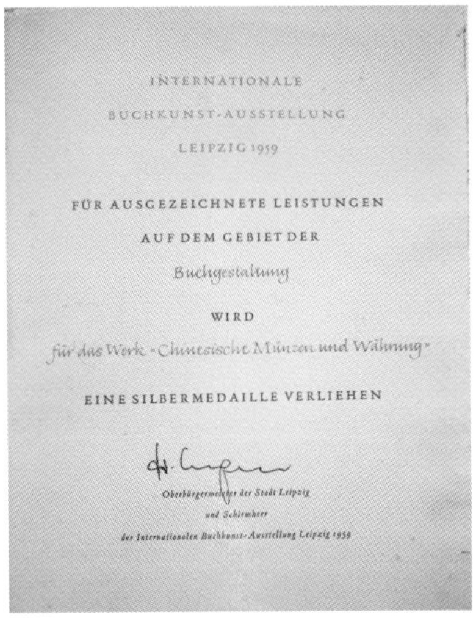

INTERNATIONALE
BUCHKUNST-AUSSTELLUNG
LEIPZIG 1959

FÜR AUSGEZEICHNETE LEISTUNGEN
AUF DEM GEBIET DER
Buchgestaltung
WIRD
für das Werk »Chinesische Münzen und Währung«
EINE SILBERMEDAILLE VERLIEHEN

Oberbürgermeister der Stadt Leipzig
und Schirmherr
der Internationalen Buchkunst-Ausstellung Leipzig 1959

莱比锡银奖获奖证书

音乐会海报的时候，他拿回来的每一幅海报都非常漂亮，我们根本无法选择。

大概是在 20 世纪 60 年代初吧，父亲接受了设计北京人民大会堂上海馆的任务，当时一起接受任务的还有蔡振华和江南春。这已经不是平面设计了，而是一项全面体现上海风格、上海精神、上海水平的样板房设计，它包括墙、地、门、窗、顶的装潢设计，屋内所有的桌椅橱柜式样的设计，以及所有的展品、装饰品布置设计。这是我们看到过程最多的一项设计，从打着铅笔印记的草稿到设计小样，还有在样品旁注着尺寸和制作材料的施工单。父亲仿佛突然变成了一个能工巧匠。我们兴致勃勃地看着一件件设计别致的屏风、沙发、茶具……这些东西对我们这样未见过世面的小孩子来说，真是太美丽、太精巧、太高级、太奢侈了。我们不敢想象亲自去人民大会堂看父亲设计的上海馆，我们能做的就是在看图纸的过程中一次次将自己想象成其中的人物。

父亲的设计最后有没有被采用，人民大会堂的上海馆是不是和我们看到的设计图纸一样漂亮，我们不知道。因为后来“文革”开始了，一切和美有关的东西都成了被打倒被批判的对象，包括父亲。“文革”中父亲所遭遇的一切父亲后来几乎不再提起。“文革”十年父亲正值壮年，应该是他创作生命最旺盛的时期，但他却什么也不能做。当然这已不是父亲一人的悲哀，这个悲哀是属于一代人的。所幸的是父亲被压抑被遏制的艺术创造力并没有枯竭，它们只是蛰伏着等待春天的到来。“文革”结束时父亲已经五十出头了，但他的压抑已久的艺术创造力却如朝阳喷薄而出。他的许多出类拔萃的设计都是在那个时期完成的。《外国文艺》和《中国历代服饰》的装帧设计是我们特别喜欢的。被著名翻译家冯亦代先生赞为“开辟了封面设计现代化的前路”的《外国文艺》的封面简洁到几乎没有图案，只有文字和一种专色，但用两个上下交错相嵌的“W”形成的构图，既是书名的拼音缩写，又完成了对色彩的分割和对文字的布局。这种仅仅起用封面装帧设计中最基本的元素就完成的绝妙创作，这种蕴含在简洁中的无穷丰富，可以说是极完美地表现了父亲的艺术功力，即使在装帧设计精彩纷呈的今天，凝视父亲的作品，依然感到它们生气勃勃，充满时代感。《中国历代服饰》是父亲又一个在莱比锡获奖的作品，我们尤其喜欢它华丽中的庄重，用强烈的色彩表达中国服饰的绚丽多彩和浓烈风格，而黑的底色和半幅衣饰的构图使流光溢彩变得节制而有底蕴，端庄和厚重透过红彩金饰浮现，强烈的现代感和悠远的历史感在同一个画面上展现，同时扣动心弦。用精致严谨的构图巧妙地表现激流飞扬的艺术思绪，是父亲的设计风格，也是他一生的性格，一生的做人。

在生活中，父亲也是一个要将美进行到底的人。记得小时候虽然家境还好，但也不是可以随意奢侈的富裕。家里兄弟姐妹五个，光是四张床就占去了家里一多半的地方，但父亲的巧饰和母亲的勤拭总能让家里干净又漂亮。尤其是过年的时候。那时候的正月初一，父母的同事们都是要来拜年的，所以是不能睡懒觉的。早晨起来，就在我们穿衣洗漱吃早点的时候，父母已经迅速将屋子整理好。大床上的被子不像平时那样叠起来，而是平铺在床上，然后用一大张美丽彩条的泡泡纱覆在上面，就像今天的床罩一样。“床罩”铺到枕头的地方微折一下，让枕头压住一点点再往枕头上覆过去，于是彩条平原上舒缓而自然地有了一条优美的隆起，床立刻就变得既简洁大气又生动温馨。几个小床也如法炮制，只是覆的是素色的呢毯或是格子的羊毛毯，也非常漂亮和有艺术气。晚上睡觉时我们总有好一阵舍不得撤掉这些“床罩”，但没关系，第二天早晨父母又会将每个床都铺得整整齐齐漂漂亮亮。父亲用他的艺术之心装点生活的每一个细节。家里每一张床边的墙上都挂有一幅画，父母大床的床头挂的是父亲的装饰画《归帆》，画中桅杆高耸风帆半落的木帆船停泊在夕阳中，夕阳是一轮巨大的金红，一种宁静沉稳的美感像水波一样从画面上汹涌出来；余白的床头上是荷兰画家维米尔的经典油画《倒牛奶的女仆》，画中那位手拿牛奶罐的农妇体态健壮丰满，表情安详平和，很像我们的母亲。家里餐桌旁的两扇窄长玻璃窗是两个房间的间壁，终年都是关着的，父亲在那上面挂了两小幅画，记得一幅是吴作人的油画，画的是花瓶和鲜花；另一幅就是爸爸的版画《红装素裹》。父亲还给我们每个孩子买了与自己名字一样颜色的碗筷，白红橙青；只有黑色难住了父亲，因为没有黑色的碗，他只好买了一个彩色的碗给小女儿余黑。父亲重视一切装饰的东西，家里的窗帘和台布都是父亲买的，连被面都是父亲买的。那时我们的家具是浅驼色的，大床、衣橱、餐桌、餐椅、写字台都是浅驼色的，这种颜色在色彩丰富的今天算不了什么，但在那时却是很个性很前卫的。不知道的人都以为买的是一整套家具，其实是父亲在几年的时间里一件一件置起来的，想想为了这些看起来是一套的而实际上是在不同的时间不同的店家买来的家具，父亲得把那些颜色、样式、尺寸在心里放多少年，真是用心良苦了！

20 世纪 80 年代父亲与儿子余白和余橙在一起

20 世纪 90 年代父亲与女儿余红、余青、余黑在一起

老四余青上小学时，一次将班级的宣传栏拿回家来制作，因为文字不多宣传栏上有很多空白，她捣鼓了很久栏面上还是空荡荡的。父亲看见了过来帮忙，只寥寥数笔就根据文意在宣传栏上画出了美丽的图画，一些青翠的草叶、飞翔的蜂蝶还调皮地钻进了字里行间。这些事对父亲来讲当然只是雕虫小技，但在年幼的余青看来是非常了

父亲年轻时的工作状态

20世纪50年代父亲与上海人民出版社美术科同仁们，右二是我们的母亲

不起的。第二天她把宣传栏往教室的墙上一贴，老师同学全围拢来了，教室里一片惊叹。余青骄傲地大声说道：是我爸爸画的！余青去黑龙江插队的时候，写信告诉父亲所住的草屋没有窗帘，父亲立刻扯布让母亲缝制好了寄去。那是条开满红花的窗帘，余青至今还记忆犹新地说，那不是简单的几朵红花，那上面满缀的红花，形状和色彩都非常丰富，大的小的，远的近的，深红浅红，亮红暗红，不知道一片红色中可以演绎出那么丰富的层次，而且看上去充满乡土气息的红花，绽放出的却是非常洋气的装饰意味，真可谓“大洋若土”了。当余青将窗帘挂在草屋低矮的窗户上时，顿时蓬荜生辉，同屋的女孩欢呼雀跃，邻屋的姑娘羡慕赞叹，村里人路过这扇低矮的小窗，都要因为这挂窗帘而驻足，因为父亲扯的这块窗帘布实在是太漂亮了！在那个视艺术视色彩为洪水猛兽的年代，在那个父亲被压抑被批斗的年代，能在色彩的荒漠中寻觅到一点美丽，能为女儿遥远的小屋做一点小小的装潢设计，该是件让父亲兴奋和享受的事。后来余青要搬到另一个宿舍去时因为舍不得这个窗帘而不肯离开，最后只好将窗帘一起搬走。

父亲还是个情感丰富而纤细的人。我们小的时候，每逢生日，父亲都要带我们到照相馆去拍生日照，后来我们长大了，都不愿意去照相馆拍照，父亲才无奈地放弃。周日的时候父亲喜欢背着相机和全家一起去公园，去得最多的是复兴公园。父亲总将左右手的拇指和食指框出个长方形取景，然后给全家拍照。他是个严格的父亲，一直教育我们要诚实、努力和节俭。老三余橙曾因为用给他理发的钱悄悄买了零食和小朋友吃而被父亲打了手心。所谓“打”，其实就是用尺在手心里轻轻打三下，皮肉之苦是没有的，但心灵的震撼是很大的。余橙说他从此不敢说谎就因为父亲的这次“打”。我们上小学时做作业多用铅笔，总是要用到只剩寸把长的铅笔头才能以旧换新地向父亲申请买新铅笔。并不是家里穷到买不起铅笔，而是父亲要我们从小懂得节俭。或许我们都算是乖孩子吧，也或许我们只在父母不在家时才淘气，印象中父亲很少训斥我们。记忆中更多的是他和我们玩下棋、猜谜、对对子，或是他突然从拎包里拿出的诸如泡泡糖之类的小礼物，让我们欢呼雀跃。老二余红是五个子女中第一个离家远行的，她去黑龙江兵团的时候，全家都去火车站送行。在火车开动的一刹那，父亲的眼眶突然地红了，因为从来不知父亲会哭，余红对那个情景刻骨铭心。余红在北大荒的日子，父亲的每次去信都是厚厚的。一次父亲在信中说到他在干校劳动时，看到当地农民的女儿在田边跳皮筋，那个女孩和最小的余黑年龄相仿，身形也很相像，父亲呆呆地望着女孩跳跃的背影，仿佛看着日夜思念的小女儿。

他说他当时只希望那个小女孩不要回过头，不要让他看到她的面容，好让他在这样苦涩而又幸福的恍惚中多待一会儿再多待一会儿。余红读信后非常伤心，晚上把头蒙在被子里偷偷地流泪。在父亲生命的最后时刻，他说话已经非常吃力，他竭尽全力要告诉我们的最后的话是他给余白的50岁生日礼物放在壁橱的顶层。也似乎在那时我们才真正领会了父亲对我们的爱和不舍。

从小到大，常有父母的同事或朋友问我们，怎么没有学画画啊？是啊，怎么没有学画画啊？父母都是画家，儿女自然也该是，起码有一两个是。可是我们兄妹五个竟没有一个从事美术的。其实父亲是希望我们学画的，他给我们兄妹五个每个人的名字里都放上了一种颜色，应该就是这希冀的表达吧，但他实际上并没有刻意地给我们规定什么，他让我们按着自己的意愿长大，我们在自己工作领域里的每一点收获他都由衷地高兴。

尽管没有从事与父母相同的工作，但父母对艺术不懈追求的精神却深深影响着我们，尤其是父亲那种严肃认真的创作态度，那种绝不粗制滥造，不到“山穷水尽”不停笔的精神，更是我们一生的榜样。听父亲讲他的创作经过，少有那种灵感奔涌、才气横溢的感觉，反而多是苦思冥想、细细雕琢打磨的历程。仿佛创作不是天外降临的突发奇想，而是一场长途跋涉的苦旅。创作，创作，“创”可能只是一个朦胧的起点，而“作”才是真正的开端、过程直至结果。

父亲的书籍装帧艺术本来就是在方寸之地耕耘的艺术，加上他的严谨、细腻，使他很多时候更像是一个精雕细琢的工匠。看父亲的作品，无论淡雅还是强烈，无论凝重还是飘逸，无论精致还是素朴，总有一种底蕴厚重的力量透过纸背传递出来，你可以感受到智慧的匠心而绝无局促的匠气。人们总是仰视艺术家作为大师的创作灵感而忽略他们表达灵感的一笔一画，其实那是不可分割的整体，真正杰出的艺术家都是最能将光一样转瞬即逝的灵感牢牢抓住并用最忠诚最完美的方式表达出来的能工巧匠，所谓鬼斧神工。

郑板桥有过一句名言：“不泥古法，不执己见。”父亲说这是他的座右铭。在艺术创作的道路上，父亲一直以一个探索者的姿态前行着。他之所以有如此丰富多彩的创作，是因为在探索的道路上，他“常常怀疑自己”，同时也“不轻信别人”。他对经验保持“警惕”，说：“经验无疑是可贵的，但必须不断补充和发展，否则就会成为探索的阻力。”在整理父亲遗物时曾看到父亲的一份讲稿，可能是在某个会上的

1995年父亲与孙辈们的合影

1995年父亲与五个子女

1997年夏天与外孙女在长风公园

发言，也可能是对学生的授课。这份讲稿的结束语是这样的："以上谈的只是自己在探索过程中的点滴体会……正像我在前面说过的那样，我经常怀疑自己，也不轻信别人。因此，在叙述这些体会时，我也同样怀疑它的正确性。我希望你们也像我不轻信你们一样不轻信它。"这绝不是一番故作姿态的言语，而是父亲从不自傲也从不卑言的真实写照。

父亲的身上有一种平和的清高，让人尊敬也让人亲近。作为子女，我们最喜欢和父亲聊天，那种海阔天空，那种平等的交流和探讨，那种超越亲情的思想和情感的沟通，是我们生活中最为珍贵的享受。我们和父亲之间没有代沟，即使过了七十，父亲的思维依然敏捷，情感依然丰富，他依然会为卑鄙而愤怒，会因高尚而感动。我们还来不及感到父亲的老，父亲就匆匆地走了。对我们，父亲更像是一位无可替代的挚友，他的离去黯淡了我们精神世界的色彩，带走了我们生命中最由衷最自然的快乐。直到今天，每当想起父亲，那种被拔了根一样的虚空和失落，仍旧会让我们感到深深的痛楚。

想念父亲。

晚年的父亲

此文原载《出版博物馆》2008 年第 1 期任意专刊，五颜即任意的五个子女，分别以白、红、橙、青、黑五色命名。

一稿二十年
——任意与《外国文艺》

陶雪华

任意（1925—1998），浙江萧山人。1948 年毕业于上海美术专科学校。曾担任上海人民出版社美术科科长，上海教育出版社美术编辑室副主任，上海大学美术学院副院长兼工艺美术系主任，中国美术家协会艺术委员会委员，中国美术家协会上海分会理事，中国装帧艺术研究会副会长，上海装帧艺术研究会会长。除书籍装帧外，他在工艺美术、版画创作、装饰绘画诸领域多有建树，如人民大会堂上海厅整体设计（早期）、第一届“上海之春”音乐会海报、东方航空公司标志、第一届东亚运动会会旗图案等。

1978 年上海译文出版社《外国文艺》创刊，时任副总编辑的汤永宽先生及资深编辑戴际安先生找我商量：谁是“创刊号”设计的最佳人选？当时出版业正处在复苏中，我的第一感觉是：《外国文艺》的封面设计定位既要“洋”又要“新”！要创新，此封面设计唯任意莫属！

事后即向任意先生约稿，任意先生一口应允。两个月后，当编辑部第一次见到由两个“W”字母构成的设计样稿时，大家的眼睛为之一亮——大气！洋气！这就是专为《外国文艺》量身定制的封面！没有一丝修改的意见！

两个“W”的独特创意为《外国文艺》获得了自己独特的风格特征和作为杂志的个体的标志性。从此，《外国文艺》封面历经了 20 年的岁月印痕，20 年的岁月，见证了一位艺术家严谨的创作态度，更见证了一位艺术家的不断探索追寻。

任意先生为人谦和，性格内向，言谈不多。多年以后，我才在任意先生的一篇文章中得知，当年他为构思《外国文艺》封面苦苦求索。曾经构思运用美术作品表达，也曾想用抽象几何图形表达，但总感觉流于一般。突然间他发现“外国”和“文艺”两个词组的拼音文字，都以“W”开头，这一发现，使他豁然开朗。但在确定以两个“W”作为设计元素后，在构图上又是一番苦心经营，对“W”字体的大小、粗细、比例、位置等方面都做出了反复推敲，现在的形式是在大量草图中筛选出来的。

阅读任意先生的这篇文章，我注意到两个词：“反复”与“大量”，其间蕴含的心血、甘苦当自知！任意先生对待创作之严谨，业界有名，近乎一丝不苟，不到“山穷水尽”不停笔。据说最多一次画了四十多幅草图！拿出来的一定是他自己最满意的方案。

“生活中不缺少美，而是缺少发现。”艺术家的发现具有首先性、唯一性、原则性。能够排除浮象、雷同，捕捉住事物的个性特征，凭借着两个“W”造型元素，凭借着色彩，凭借着线条，《外国文艺》亦“洋”亦“新”的创意，渐次获得实现。

在以后的 20 年中，《外国文艺》的封面既不脱离主体设计风格，又赋予杂志新的时代感：

1979 年的《外国文艺》

1981 年的《外国文艺》

1987 年的《外国文艺》

1989 年的《外国文艺》

1979 年版、1980 年版《外国文艺》看似变化不大，但在色彩处理上遵循稳重与和谐的统一。

1981 年版两个“W”则采用了黑白对比处理，视觉效果更突出。

1986 年版采用装饰性的圆点图案排列，令人想象出纸上空间的延伸。

1987 年版中“W”字体中平行线与字体相随，互相适合又互在其中，这不仅仅是一种技巧的表现，更突显了一种内在的韵律。

1989 年版采用了徒手撕纸的方法，粗犷、交错，把图案的动力与“W”字母的静力奇妙地融合在一起，

1990 年版又运用了光效应图案。

1991 年版采用了剪贴的手法，将多种纸条纹交叉叠放，貌似无序却有序地排列，显得流畅而生动。

1992 年版运用了中国水墨画的晕染技法，赋予另一种韵味。

1993 年版则采用浓烈、抽象的图案，“W”由形变为线，阳文改为阴文。

1994 年版的设计更为大胆，由两个“W”改为一个“W”，字形上更张扬，或许这与当时更为强调视觉冲击力有关。

流年似水，年复一年。在整体框架不变的前提下，《外国文艺》年年给读者以面目一新的感觉，看似“任意”却不“任意”。从色彩、底纹、线与框、明与亮、阴与阳，所有元素必须严格组合到整体结构中去，没有比这更困难的设计任务了。

《外国文艺》封面上的文字、色标、拼音与图案都是任意先生亲自手绘或手写的。

至 20 世纪 90 年代后期，设计者大多采用电脑制作、上色，任意先生还是一笔一笔手绘，如 1997 年版《外国文艺》封面上的网络色块，每一小色块都是手绘的。20 世纪 90 年代后期，任意先生年事已高，眼力不济，画线条有一些“毛”，但他仍然一笔一笔画。今天重读任意先生的手稿，令人感叹。我曾多次去任意先生重庆路或仙霞路住宅取稿，每次他总是细心叮咛注意事项，他对工作的勤奋、热情、执著与韧劲令人感佩！

《外国文艺》经典的封面设计，曾受到郁风的赞赏。她曾建议：“这个封面构图保持不变，每期在色彩上加以变化。”

由于种种原因，2000 年《外国文艺》改版，原有的封面设计中止使用。这是一件令人非常遗憾的事！

任意先生是一位独具海派特色的书籍装帧设计艺术家。二十年岁月磨一稿，《外国文艺》的封面设计将作为经典之作永存在人们的记忆中。

作者为中国著名装帧设计艺术家，享受国务院特殊津贴的高级专家。此文原刊于《出版博物馆》2008 年第 1 期任意专刊。

“土”“洋”得体

——谈任意的书籍装帧设计

黄 可

书籍装帧设计,在艺术效果上究竟是“土”(民族化)好,还是“洋”(西洋化)好?恐怕不能一概而论,要从具体情况出发而定。长期从事书籍装帧设计的美术家任意同志,在这方面有他自己的见地和经验。他认为:一本书籍的装帧艺术效果,不能土不土,洋不洋,模棱两可,而是该“土”则“土”、该“洋”则“洋”,并且要做到“土”“洋”得体,切合每一本书的特定内容和性质。

多少年来,任意同志在艺术实践中确实能够从不同书籍的具体情况出发,在装帧设计上做到较为合理的“土”或者“洋”,而为人们所赞赏。

就“土”的书籍装帧来说,任意同志设计的《中国货币史》是很突出的一本。

《中国货币史》(彭信威著,1958年上海人民出版社出版)是一本有近50万字的厚书。此书以丰富而有说服力的史料,不仅论证了中国是世界上货币形成最早的国家,而且系统地阐述了中国货币作为一种独立的货币文化的发生和发展过程,及其对世界的影响。仅就货币文化的角度,此书读来使人感到中华民族具有悠久历史和灿烂文化的一种自豪感。美术家任意根据此书系大部头的学术著作的特点,在装帧设计上采用了硬面精装的形式,封面、封底和书脊全用沉静的黑色打底,首先表现了学术性厚书的稳重感。封面和封底,在23个稍带直长的严整的方块内,选择人们熟悉的“布币”和“铜泉(钱)”两种具有代表性的中国古代钱币纹样作为装饰,不用颜色,而用凹凸印纹表现,既烘托出了颜色简朴的古典美,又明确地体现出书籍是论述钱币的内容。在封面的十二分之一中央,书写书名和著者姓名的一个方块,以及书脊上的书名,装饰连续草纹用烫金,打破了黑色底的单调,增加了丰富的变化,使金色与黑底色的对比中显现出一种古色古香、庄重辉煌的艺术效果。整个装帧,主题鲜明,中国民族气派浓厚。所以,这本书在1959年于莱比锡举行的国际书籍艺术展览会上获得了装帧设计银质奖。

《中国货币史》封面

论述中国史学问题的论文集《江村十论》(李思纯著,1957年上海人民出版社出版)也是一本装帧设计“土”得可爱的书籍。

《江村十论》封面

《江村十论》中的论文所研究的问题不限于一个专题,而涉及中国史学的多方面问题,内容较杂。美术家任意针对这本书的特点,巧妙地避开了在装帧设计上要体现出这本书的内容的难题,而着意在艺术气氛上渲染出这本书的性质特点。书的封面不着色,在直行写的书名、著者姓名和出版社名称的周围,用凹凸纹表现带有几分古朴味,单纯、严肃、大方的环状莲花作装饰(在中国,莲花一般用作象征古,所谓“千年莲子”就是这个意思),使人在艺术气氛上意味到这是一本围绕着中国若干史学问题进行研究

《世界美术家画库》封面

《外国文艺》封面

的论文集子。这个封面的设计非常成功,在1957年华东书籍装帧展览会上获得了装帧设计奖。

《浙江海塘建筑史》(1955年学习生活出版社出版)的装帧设计,也显示着吻合书的内容和性质的中国民族特色。这本书的内容是记载浙江海域的变迁和江浙历代海塘建筑的历史,论述了海塘建筑与保护人民生命财产安全的关系以及军事意义,也总结了江浙历代海塘建筑的经验,是一本既有史料价值又有科学价值的著作。封面以典雅的秋香绿为底色,用中国画中柔畅优美的白描线条表现海浪滔天的波纹,一层一层满地装饰着封面,富于韵律美,使人看了封面就能想到书的内容是与海浪相联系的。海浪滔天的汹涌冲击,对于人的生活来说,需要采取安全措施,在靠海的沿岸需要建筑海塘,如此引起联想的艺术效果是较为切题的。封面上的书名字体又用宋代木刻版本中那种秀逸、朴茂的老宋字体,更增强了艺术效果。

1980年,为上海教育出版社再版的汉语学家王力同志的学术著作《汉语诗律学》一书做的装帧设计,也成功地体现着中国民族气派。该书以硬纸版布面精装形式,封皮全用典雅的蟹青色,封面上的装饰纹样用凹凸版处理,是汲取古代建筑物中汉白玉浮雕草纹装饰图案变化而来,构成端庄而富于格律美的装饰效果。使人由封面上端的《汉语诗律学》书名中"汉语"两字联系到封面下部由古代汉白玉装饰图案变化而来的纹样,觉得"汉""汉"相通,十分贴切,构思巧妙。

在"洋"的书籍中,任意同志设计的《外国文艺》杂志、《世界美术家画库》和翻译小说《当代英雄》的封面,是"洋"得恰到好处,各见匠心的。

《外国文艺》是上海译文出版社出版的一本双月刊,主要是介绍外国现代文学艺术诸流派的作品及其作者,以开拓中国读者的眼界,有利于推动开展对外国现代文艺的研究。对于这样一本综合性的介绍外国现代文艺的刊物,如何设计封面装帧是不容易处理的事,难以找到一个恰当的具体形象去装饰封面和概括刊物的内容。因此,只有避开具体形象,而用抽象的画面去装饰和概括刊物的性质。任意同志在构思草图中,几经易稿,终于设计出了一个精彩的封面形式:封面分成上下相等的两个块面,各用"外国"和"文艺"两个词的汉语拼音的第一个字母"W"组成上下相连别致的图案,再把清秀的汉文老宋变体字"外国文艺"四字有机地组织在封面上,富于性格化和新颖感,在独特的装饰效果中体现出《外国文艺》这一介绍外国现代文艺刊物的性质。《外国文艺》封面设计,曾在1979年全国书籍装帧艺术展览中获得优秀装帧奖。

《世界美术家画库》是由上海人民美术出版社出版的一套介绍外国近代和现代著名画家为主的美术丛书，从1981年起计划在10年之内出齐，出100种以上。任意同志为这套丛书设计装帧的时候，打破了以往介绍外国画家的书籍，在封面上用一幅画家的作品或画家的肖像作装饰的一般化表现形式，而着意在简朴，采用比32开本略短的小巧的方形开本，封面以沉着素净的色彩为底色，再加了朴实的底纹，在封面的四周划一条边框线，没有其他任何多余的装饰，而用画家的签名手迹加以放大，舒展地安排在封面中间，封面下端再用扁形老宋字体作副题，以及用方形黑体字书写画家的中文译名，艺术效果显得简朴、典雅、大方，又醒目地突出书的主题，一看就知道这本书是介绍某一画家的。做这样的设计处理，构思很精到。因为，画家的绘画作品一般都是用各种色彩绘成，本身已是五彩缤纷，不宜再在介绍画家的书籍的封面上设计得花花绿绿，倒是采用简朴的装帧，易于烘托出书中画家的作品效果。同时，这种简朴、单纯，用色块和文字组成构图的设计，也是与现代西方国家所习惯采用色块和文字组成构图的风气相一致，因为这套丛书恰恰正是主要介绍西方国家的近代和现代画家为内容的。

《当代英雄》封面

为俄国米·莱蒙托夫的小说《当代英雄》(草婴译，1978年上海译文出版社出版)做的装帧设计，封面以银灰色的底板上缀有细巧雅致的俄罗斯民族装饰图案为特色，写上“当代英雄”四个清丽的白色长形宋体字，也讨人喜爱。莱蒙托夫(1814—1841年)生活的时代是19世纪上半叶的俄国，设计者为《当代英雄》封面所装饰的图案，正是拾取当时俄罗斯民间所流行的装饰图案加以变化而来，所以是十分贴切的。

笔者曾经多次与任意同志探讨关于书籍装帧设计如何在艺术效果上取得该“土”则“土”和该“洋”则“洋”效果的经验。他说：“如果一本书的内容是反映中国古代某一朝代、某一地区人民群众的生活，那么，这本书在装帧设计上，就不能一般化地体现中国民族化，而应该体现出中国古代某一特定朝代、特定地区的艺术特色。如果一本书的内容是反映社会主义新中国某一地区人民群众的生活，那么，这本书在装帧设计上，也不是一般化地体现出社会主义新中国民族特色，而应该体现出社会主义新中国特定地区的风格特色。如果一本书的内容是反映中国某一方面的专题，那么，这本书在装帧设计上就要体现出符合中国某一方面的特定专题的民族风格特色。如果一本书是论述中国问题内容交杂的论文集，很难在装帧设计上体现出书的主题，那么，应该在艺术气氛上渲染出符合这本书特定性质的中国气派。如果一本书的内容是反映外国某一国家、某一历史时期的人民群众生活，那么，这本书在装帧设计上也不是一般化地体现出‘洋’为满足，而应该‘洋’到体现出某一国，某一历史时期、某一特定民族艺术特色。如果一本书的内容是综合性地反映外国各个国家某一学科为内容，那么，这本书的装帧设计也应该在艺术效果上有个性地体现出‘洋’的特定风采。”这些经验，虽然没有什么深奥的理论，然而却是来于实践的切肤之谈，对于我们很有启发。如果我们把这些经验之谈，同他设计的一些书籍装帧优秀作品相对照，确实可以从中捉摸到如何搞好书籍装帧设计的道理。譬如说，作为一个书籍装帧美术家，需要有丰富的各方面知识修养，要广泛地研究和善于吸收中国传统美术和外国美术的优良传统作为养料，要对设计对象（特定书籍的内容和性质）做深入细致的研究和理解，才有可能设计出艺术效果上该“土”则“土”、该“洋”则“洋”的精美的书籍装帧。

1981 年 3 月春分
写于游淀山湖归来

此文原载《出版博物馆》2008 年第 1 期任意专刊。

新奇·典雅·隽永

——介绍任意的装帧设计

鹿耀世

一个星期天，我习惯地转到新华书店。进门之后，立刻就被出售期刊的柜台吸引了过去。这里的一长排书架，重重叠叠地铺满了瑰丽无比的色彩——几十种印刷精美的封面笑盈盈地牵动着我的视线，待一些熟悉的刊物陆续在眼前掠过以后，突然，一件新奇的构图托着一片典雅的色彩，一下跳到我的面前。噢，是新创刊的《民主与法制》，谁设计的？这么新，这么美！我猜想着设计者的名字，怀着先睹为快的喜悦翻开了刊物目录——哈，果然是任意的设计！

这本16开的刊物封面只有两色。“民主”、“法制”这四个长宋体仿翻白字，结构匀称，笔画刚劲，托字的两个色块对比十分鲜明、和谐，联结“民主”“法制”的“与”字，处理得耐人寻味：这个字的位置和色块，枢纽般地紧紧把两个政治概念连在了一起。我们常讲的形象思维于斯可见一斑。（如按一般化的设计，“民主”“法制”无论位置横竖“与”字只是空落落地摆在中间，只起交代作用，还有什么含义！）为了稳定构图，细线边框和一上一下的拼音、年号、期号，也安排得精巧得当，整个设计十分明亮。

与此手法近似的《新闻战线》，也是令人耳目一新：鲜蓝的调子，犀利的字体，色彩很明朗，看去并不轻飘，构图虽简洁感觉却很丰满。如果按常见的求稳不求新的设计：柔和的调子，端庄的字体，那么这个刊物气质的鲜明性、战斗性也就无法体现了。

《收获》的封面，也是一件成功的设计。整个图案吸收了广告的某些长处，由无数参差不齐的然而排列得体的长方形浅色块组成，上面压印对比协调的深色书框，“收获”两个大字赫然在目，右下方年号期号浑厚秀美，压住了“阵脚”。整个效果清晰凝重，落落不凡，很符合大型文学刊物的气质。

全国书展中的《外国文艺》更是得到了广泛好评。“外国”和“文艺”的两个拼音字头，经过反复的揣摩，一个堪称奇思妙想的立意和完整的构图，也就跃然纸上了。还有《世界之窗》《上海教育》等刊物的封面设计都显示了作者那新奇、典雅、隽永的艺术风格。

顺着作者一系列的优秀作品追溯起来，我很自然地想到了曾在德国莱锡比国际书展中获奖的《中国货币史》的装帧设计：那精细瑰丽的对称的花纹，那古朴浑厚的均衡的图案无一不表现了作者纯熟的艺术手段，渗透了他在刻意创新中的一片心血。

完成一件优秀的装帧设计是很不容易的，是和作者涉猎的知识面及各方面的艺术修养紧密相连的。为了生动地体现设计思想，除了精心绘制有关的图案外，在色调的选择、色度的轻重、色差的大小上，在字体的肥瘦疏密、装饰线的粗细长短上，都要注意上下均衡，前后呼应，虚实结合，错落有致。在这方面，任意同志为装帧艺术工作者做出了很好的榜样。

《民主与法制》封面

《新闻战线》封面

非凡的建树

鹿耀世

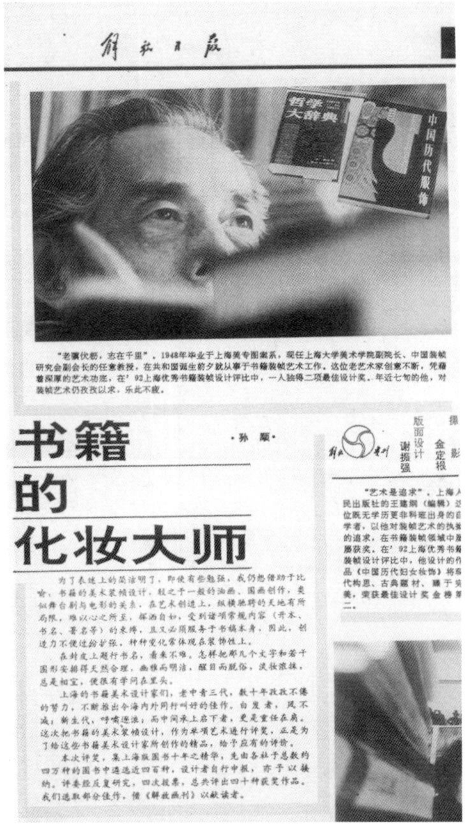

解放日报

哲学大辞典

中国历代服饰

"老骥伏枥，志在千里"，1948年毕业于上海美专图案系，现任上海大学美术学院副院长、中国装帧研究会副会长的任意教授，在共和国诞生前夕就从事于书籍装帧艺术工作。这位老艺术家创意不断，凭籍着深厚的艺术功底，在'92上海优秀书籍装帧设计评比中，一人独得二项最佳设计奖。年近七旬的他，对装帧艺术仍孜孜以求，乐此不疲。

书籍的化妆大师

·孙顺·

为了表述上的简洁明了，即使有些勉强，我仍想借助于比喻。书籍的美术装帧设计，较之于一般的油画、国画创作，类似舞台剧与电影的关系。在艺术创造上，纵横驰骋的天地有所局限，难以心之所至，挥洒自如，受到诸项常规内容（开本、书名、署名等）的束缚，且又必须服务于书稿本身。因此，创造力不便过份扩张，种种变化常体现在装饰性上。

在封皮上题行书名，看来不难。怎样把那几个文字和若干图形安排得天然合理，幽雅而明洁，醒目而脱俗，淡妆浓抹，总是相宜，便很有学问在里头。

上海的书籍美术设计家们，老中青三代，数十年孜孜不倦的努力，不断推出令海内外同行叫好的佳作。白发者，风不减；新生代，呼啸迭涌；而中间承上启下者，更是重任在肩。这次把书籍的美术装帧设计，作为单项艺术进行评奖，正是为了给这些书籍美术设计家所创作的精品，给予应有的评价。

本次评奖，集上海版图书十年之精华，先由各社于总数约四万种的图书中遴选近四百种，设计者自行申报，亦予以接纳。评委经反复研究，四次投票，总共评出四十种获奖作品。我们选取部分佳作，借《解放画刊》以献读者。

版面设计 谢振强

金定根

"艺术是追求"，上海人民出版社的王建纲（编辑）这位既无学历更非科班出身的自学者，以他对装帧艺术的执著的追求，在书籍装帧领域中屡屡获奖。在'92上海优秀书籍装帧设计评比中，他设计的作品《中国历代妇女妆饰》将现代构思、古典题材、融于完美，荣获最佳设计奖金榜第二。

《解放日报》的相关报道

人的精力是有限的，一生只能专注地干一两件事；人的创造又是非凡的，能使生命之树枝繁叶茂，郁郁葱葱！我徜徉在美术馆的展厅里，沉湎于瑰丽缤纷的、神奇凝重的、淡雅清新的七彩世界，吮吸着三位艺术家奉献给人们的美的甘露，体味着几十年来各自不同的艰辛的艺术之路，绵长的思绪油然而生。

早在30年前，我在一本目录里看到《中国货币史》装帧设计时，就被任意那深厚、严谨、优美的设计折服了——这件莱锡比书展的获奖作品为我国装帧界争得了荣誉。从此，我通过一系列新奇大度的构图、重叠纷繁的图案、峻拔秀丽的字体，逐渐感受到了那心灵的旋律，以及由此发出的一组组令人目眩神迷的华彩乐章。在《外国文艺》的封面上，两个别出心裁的字母"W"在变化丰富的底纹中，风风雨雨屹立了二十年，受到各界人士赞赏，开创了当代刊物的设计的范例。在图书目录的一组精品中，那贴切、均衡、鲜明的构成图案，融入了强烈的现代审美意识，使人过目不忘。在漫长的创作生涯中，无论是《中国历代服饰》等大型画册，或是骑马钉的薄薄小书，任意均一丝不苟（封面小样绘制之精致，令人叹服），力求使封面点出诗之眼，体现书之魂魄。几年前，我曾带着我的若干设计，到任意下榻的文化部招待所求教，当他从立意、构图、字体几方面谈了他的看法以后，就每条装饰线、几处字体笔画提出了十分具体的改进意见。这事使我记忆很深。在我的书柜里，有一本我当学生时从旧书摊买来的《青春寄语》，当我从事书籍装帧工作以后，有一天偶然翻出此书，觉得封面隽秀的长仿书名和线条流畅有装饰美感的浪花图案十分熟悉，一看封底——啊，印着"任意"的名字，这件设计虽不是代表作，但不正是任意漫长的创作长河中的一朵晶莹的浪花吗？任意几十年来卓著的成就，饱含着对装帧界新的一代的"青春寄语"，也就是勤奋、严谨、锲而不舍的艺术心声！

此文原标题为《非凡的建树——谈任意、张守义、陈新的装帧、插图》，此文为节选。

工艺美术界的一代完人

蔡振华

任意同志是中国工艺美术界的一位杰出的人才，他以毕生的精力为中国出版事业、美术教育、美术创作和设计工作付出了大量的心血与劳动，取得了崇高的声誉。任意同志为人公正、严肃，事理清晰，是非分明，他在学校讨论上善于发表自己的观点，对美术事业的发展起到引导启发的作用。他在美术创作上具有坚实的业务基础，而且并不固步自封，善于吸收融化有益的养料来充实自己，从而以雄厚的实力作为施展才华的动力。他的艺术表达能力与自己的抱负融会贯通地结合在一起。他的作品不仅有他自己独特的风格，而且具有强劲的生命力，使人们从中得到有益的启发，从而产生一种强烈的进取精神和如何改善自己业务的愿望。他够得上说是一专多能的多面手。

任意的版画作品《归帆》

书籍装帧、工艺设计、装饰美术、静物写生、版画创作，无不引人入胜，令人敬佩。参观画展，在任意同志作品前，往往为他作品魅力所吸引，往返徘徊而不忍离去。

凡是看过任意同志过去设计封面的小样，张张画得一丝不苟。图案、用色仿佛是从成品缩小的印刷样张。在翻阅这批草图时，真是给人莫大精神享受；更为他认真负责的工作态度所折服，可作为我们学习工作的好榜样。

任意同志在上海大学美术学院担任副院长与后来担任夜校校长期间，他对工作认真负责富有强烈的责任心，创作与行政工作之间客观上存在一定的矛盾，任意同志总是公事当先，事业为重。职责所在，无不尽心尽力，一心要把教育事业办好。如果不是病魔剥夺他生存的权利，他在教育事业上一定可以做出更大的贡献，这是完全可以估计得到的。

任意同志是一位事业心很强的人，他在工艺美术上有很大的抱负，所以他决不甘心半途而废。任意同志 73 岁走完了人生旅途，是一件十分残酷的恨事。在承受疾病折磨中，他的精神与肉体都受到严重的摧残，但是他是如此镇静地面对自己看得到的后果，不怀一点侥幸的希望，庄重地离开了人世。人们怀着十分沉重的心情，与他做了最后的告别。任意同志的逝世，是中国工艺美术界一个极大的损失。

我认为从事业来说，他遗下的工作是会后继有人的。学习任意同志敢挑重担的精神，学习他忠于职守，无私奉献，这些方面我们应该具有信心。但从设计工作、美术创作来说，任意同志中断了他的创作生涯以后，那种精巧、浑厚、饱满大方、含蓄的意境与完整的造型，这种特有的风貌，已经永远无法再回到尘世，我们只能在他的遗作前默默凭吊他留给世上宝贵的财富。任意同志创造的风格，是他一生勤

艺坛名人

蔡振华

工艺美术界的一代完人

任意同志是中国工艺美术界一位杰出的人才，他以毕生的精力为中国出版事业、美术教育、美术创作和设计工作付出了大量的心血与劳动，取得了崇高的声誉。任意同志为人公正、严肃；判断事理，是非分明，在学术讨论上善于发表自己的观点；对美术事业的发展起到引导启发的作用。在美术创作上具有坚实的业务基础，而且并不固步自封，善于吸收溶化有益的养料来充实自己，从而以雄厚的实力作为施展才华的动力。他的艺术表达能力与自己的抱负融汇贯通地结合在一起。他的作品不仅有他自己独特的风格，而且具有强劲的生命力，使人们从中得到有益的教训，从对比中产生一种强烈的进取要求和如何改善自己业务的愿望与要求。在他身上够得上说是一专多能的多面手。

书籍装帧、工艺设计、装饰美术、静物写生、版画创作，无不引人入胜；令人钦佩。参观画展，在任意同志作品前，往往为他作品魅力所吸引！往返徘徊而不忍离去！

任意同志对工作十分认真负责，凡是看过他过去设计封面的小样，张张画得一丝不苟。图案、用色仿佛是从成品缩小的印刷样张。在翻阅这批草图时，真是给人莫大精神享受，为他的工作态度的认真负责，可作为我们学习提高工作的好榜样。

任意同志在上大美术学院担任副院长与后来担任夜校校长期间，他对工作认真负责富有强烈的责任心，创作与行政工作之间客观上存在一定的矛盾，任意同志总是公事当先，事业为重。职责所在，无不尽心尽力，一心要把教育事业办好。如果不是病魔剥夺他生存的权利，他在教育事业上一定可以作出更大的贡献，这是完全可以估计得到的。

任意同志是一位事业心很强的人，他在工艺美术上有很大的抱负，所以他决不甘心半途而废。古人说："人生七十古来稀。"从任意同志 73 岁走完了人生旅途，是一

刊于《工艺美术》杂志上的原文

劳探讨的成果。从他生前旺盛的精力来作一个估计，如果再有十年时间给他更多发挥的机会，那么在工艺美术的宝库中，一定有更多更好的精品留给实用美术领域，给予同道们丰富的参考资料。如今世间已无回天之力，只能遗憾地叹息不已！每每想到这些，真是使人痛心之至！

实用美术领域里范围如此广大，各行各业各个品种都有创新的任务，媚俗容易，力争高雅就难多了。关键在于人的素质与认识水平，与艺术上是否对自己有苛求的愿望，是否有孜孜以求的力争上游的要求。人才确需天赋，但与工作上的锻炼、作者自我严格要求还是密切相关的，设计工作分门别类，千头万绪，需要多多少少专门人才来充实这方面的工作。不爱自己的专业，必将落得一个平淡的结局。任意同志不断充实自己，严格要求自己，从出版界到教育界，都能够胜任并愉快肩挑重任，足以看到他的专业基础的雄厚，对事业的尊重以及认真负责的工作态度，因此获得了各方面的尊重和赞赏。任意同志走完他人生的旅途，怀念他生前的一切令人感慨万千，可以说，称任意为工艺美术界的一代完人，任意同志是当之无愧的。

作者为中国工艺美术大师，此文原刊于1998年《工艺美术》。

任意同志的认真精神

徐昌酩

大约在20世纪50年代中期,任意同志进入中国美术家协会上海分会工作。当时他是工艺美术委员会负责人之一,主任是庞亦鹏、钱君匋,我与任意、张雪父等担任副主任。

与任意共事几十年,印象最深的是任意同志的认真精神!凡是专业组活动,他一定参加,从不迟到,也不做"客座教授"(只参加不说话),对任何事情都认认真真发表自己的观点。

美协经常有评选活动或是委托评选活动,只要有任意同志参加把关,我最放心了,因为他把关严。无论遇到什么评选活动,任意都一一认真对待,提出意见。他认为自己是评委,就要对作品负责。这是作为一个艺术家非常优秀的品质,很真诚。

我与任意一同参加的评选活动,一般多具有权威性和永久性,比如"市标标志"评选、"市花标志"评选等。作为一个评委,任意十分认真,不仅仅带"嘴巴",还要带上腹稿、草稿。他怕影响别人的观点,一般在评选初期不出示自己的草稿,待评选进行到适当时候他才出示,认真谈自己的感受、想法,力求使设计完美。

有一次参加浦东发展银行标志的评选,浦发银行方面已表示同意采用所选标志,任意同志仍然提出修改意见。别的同志说:"老板也同意了,就可以了。"但任意说:"我要负责,提出自己的意见。"

东方航空公司的标志是任意同志设计的。在这以前已有许多稿件,任意就谈设计的一些细节,比如色彩的含义、造型的含义、色彩的处理关系以及到多少距离处可以看清标志等,逐一加以研究,而且他还带来了多种国外航空公司标志加以比较。

第八届全国体育运动会召开时,市委领导邀请专家对万体馆前的雕塑进行评选,评委中除了我和任意同志外,都是雕塑家,但任意还是坚持发表自己的观点,他认为雕塑过于写真,不如直接看运动员,何必还要看雕塑!他表示反对,并认真谈了不同的意见。

任意到上海大学美术学院任副院长后,遇到很多"人情"、"面子"的困扰,评选时常常有人打"招呼",他总是悄悄对我说,很难办,但不管怎样,我还是要谈我的看法。即使对上大美院的教学作学术评估,他也当场批评工作中的不足之处。

任意在书籍装帧设计上有许多优秀作品,自不必多说,但有一点我知道,每设计一本书,他都要反复阅读书的内容,他对创作的态度也非常认真。

任意同志的认真精神,值得大家好好学习!

1990年2月3日在杨可扬先生家作客,左起:杨可扬、任意、徐昌酩、沈柔坚、贺友直

任意先生担任展览嘉宾

任意先生日常片段

作者曾为上海市美术家协会副主席。此文由陶雪华整理,原载《出版博物馆》2008年第1期任意专刊。

小天地见大风度

——访书籍装帧艺术家任意

杨　鸥

任意先生部分作品

1985年首届全国期刊封面设计评选一等奖

摆在我面前的是一个小巧的本子,里面嵌着一幅幅如明信片一般大小的书籍封面设计图,随着主人的手小心翼翼地翻动画页,我的面前呈现出一个个构图与色彩清新的艺术世界。

这个本子里的图仅仅是草稿,而正式确定的设计方案正是作者从大量的这样的草稿中筛选出来的,据说最多的一次画了四十多幅草图。

他就是我国书籍装帧设计家任意。任意对待创作一丝不苟,他不轻易接受约稿,一旦答应,拿出来的必是自己最满意的方案。而在创作风格上,任意却是以大胆求新而著称。在书籍装帧艺术界,任意的现代化设计影响了一代人。1959年,我国书籍第一次参加于莱比锡举行的"国际书籍艺术展览会",任意所设计的《中国货币史》荣获银奖。至今,他在装帧艺术界仍保持领先地位,近年来历届评选优秀装帧艺术奖,都有他的作品获奖,如《外国文艺》《汉语诗律学》《实用汉语六百句》《简明社会科学词典》《书林》等。如此长久的艺术青春,与他的敢于探索的艺术创新,善于多方面汲取文化营养是分不开的。

任意的装帧艺术具有强烈的现代感和装饰性。他的设计在构图、透视、造型和色彩的处理上,摆脱了生活真实的束缚,善于以抽象的形象体现书籍内涵,求得似与不似之间的神似,具有高度的概括性,给人以回味余地。像《外国文艺》的封面设计,将"外国""文艺"两词汉语拼音的头一个字母"W"巧妙地上下衔接组合,在新颖别致的装饰效果中体现出本刊介绍外国现代文艺的开放性质。这个设计受到画家郁风的赞赏,她建议这个封面构图保持不变,每期在色彩上加以变化。任意每年还在这个封面的修饰上加以翻新,如加上线条、三角图形、木纹、白点等。《书林》杂志的封面则是通过书的疏密穿插、错落有致的排列,将书斋生活艺术性地放大,使整个画面具有装饰性的美感。任意在表现语言上吸收了一些西洋手法,但力求切合每本书的特定内容和性质。如他的获奖作品《中国货币史》,封面、封底、书脊用厚重沉静的黑色打底,以中国古代钱币中的铜钱(圆)和布币(方)图案均衡排列,圆与方的组合显出有变化的节奏感,用凹凸图案来加强效果。色彩上,用烫金打破黑底的单调,使整部书在金色与黑色的映衬中显出一种庄重而辉煌的艺术效果,有着地道的民族气派,明确地体现出书的学术性质和历史感。

任意为人老实而艺术上却从不保守。看上去他待人确实平易而朴实,但一旦谈到他醉心的书籍装帧艺术,他的话便多起来,清瘦的脸上就焕发出神采来了。

此文原刊于1986年5月3日《人民日报》海外版。

第二章　艺术教育

我眼中的任意先生

汪大伟

我一直都认为任意老师是一位与我们上海大学美术学院的前身与现在都密切相关的老师。他的艺术思想、教学理念、处事作风都与学校发展过程息息相关。而且几十年来任意老师为人低调，他的光辉事迹一直没有被放在应有的历史地位上。

上海大学美术学院装帧班学生为任意老师祝贺 70 岁生日

任意老师是老美校升级为上海大学美术学院时，与老美校众教师一起搬到凯旋路美院校区的。至此美院从专科学校升级改建为本科院校。任意老师正是这样一个重要历史过程的见证者和筹建者，特别是对设计系的筹建起到了举足轻重的作用，任意老师就是我们学校设计系本科教育的奠基者。在上海美专时期，设计系的教学就已颇具实力，特别是当年曾在刘海粟美专学校工作的丁浩教授领导下的“商业美术专业”尤其突出，后来改称为“装潢美术专业”，一直发展到我们现在美院的“设计系”。其名称的转换也是非常有意思的，商业美术，何为“商业”？月份牌就是一例。后来叫“装潢美术”，这就进入到室内装饰、橱窗展示，即从平面教学进入空间装饰领域。然后到 1983 年，成立上海大学美术学院美术设计系，表明从平面到空间再到美术设计，逐渐延伸到生活，向日常设计渗透，目的即在以美术作为基础，将课程社会化，用设计解决社会实际存在的问题。

上海大学美术学院夜大毕业生作品展

任意老师来美院前在上海教育出版社工作，是中国第一位“莱比锡奖”的获得者。1983 年筹建上海美术学院时，院方就看中任意老师突出的专业能力，力求借调过来，一直到1993年，才真正帮助我们筹建设计系。当时上海市政府给上海大学美术学院成立本科院校的批件中，有两个专业：一个是绘画专业，一个是美术设计专业。任意老师负责美术设计专业的筹建，担任副院长兼任美术设计系主任，某种程度上说，任意老师肩上的责任就是筹建学校的半边天。所以他来了以后，与老美校校长也是同事的张雪父，以及当时负责老美校装潢美术专业的吴丹玲，一起齐心协力，这样构建了最初的上海大学美术学院的美术设计系的负责人班底，同时作为副院长任意老师分管设计教育和科研工作。在这段历史中，任先生是整个筹建过程的核心人物，起了奠基的巨大作用。

上海大学美术学院夜大毕业生作品展

在当年美术设计系的教育课程改革上，因为任意老师的专业基础是图案教学，又在出版社做装帧设计，有着多年的工作经验，更能够接受西方的平面构成的教学，从而积极引进、普及平面构成、色彩构成、立体构成，这三大构成引入设计基础的课程中，在当时是一个很大的教学突破。原本以图案为主的装潢美术教育，是学习如二方连续、四方连续纹样练习的课程，任意老师是把装潢设计跨向美术设计的关

任意老师与上海大学 CI 设计高级研修班合影

键人物，是使美院的基础设计课程过渡为现代设计课程的关键转折点。这是任意老师在设计教育上的一个巨大贡献。

出版社的工作经验使任意老师非常注重社会教育的功能，他认为学习是为了服务于社会。这样的理念使他逐渐形成了自己的办学特色，旨在培养设计人才为上海服务。所以任意老师后期还办了一个专为企业服务的干部专修班，最有名的即"医药设计包装班"，注重面向社会的理念，非常契合美院当时的发展方向，为美院以后的学科建设和社会服务指明了道路。当时的李天祥院长按此方向提炼出"大美术"概念，鼓励美院学生走出象牙塔，到社会当中去，用艺术的方式参与社会工作、推动经济发展，而该思潮正是由任意老师带领青年教师实施推进的。

在任意老师的领导下，除美院之外还筹建了附属学校——夜大学，为社会培养适用性的一流人才，吸引了一批在外面有工作经验，想脱产高考又有实际难度的有志青年人，也为社会上一批实践操作的设计人员进行了知识的补充和更新。夜大学里开设了视觉传达、环艺、绘画等丰富而专业的课程。当时美院开设夜大学的设计类和美术类专业可能在上海是开启最早的先例，到目前为止，有很多的美术设计领域的专业骨干带头人，都曾经在夜大学学习过。任意老师有着敏锐的观察角度，着手筹建设计专业，为学校的办学指明教学特色方向，为社会培养了一大批一线的应用型设计人才，从学校发展角度和社会贡献角度来说，都有着不可磨灭的功劳。

任意老师为人谦和，严于律己，对事业有着孜孜不倦的追求，用苛刻的专业眼光和高标准对待自己。他话语不多，但每一句话都透露着对学生的关爱和要求。任意老师做事雷厉风行，对事物有着精准的判断和专业眼光，最注重传道授业解惑，衷心希望教授的每位学生都能认真学习为社会做出贡献。任意老师是上大美院早期发展、上海设计教育发展的奠基人，也是整个美术学院学科特色化发展的一位创造者。他的很多理念至今对美院的成长和发展都依然起着一种指导性的作用。任意老师在设计界的地位，应该被更准确地估量，他值得后世师生尊敬和景仰。

本文由汪大伟（上海大学美术学院院长）口述，王文澄（上海大学美术学院史论系研究生）整理。

任意，我永远的老师

林家阳

林家阳，现为上海同济大学设计艺术学教授。1975 年 20 岁时开始师从任意，并在任老师的教导和鼓励下，考上了无锡轻工大学设计专业，后又留德六年获得了柏林艺术大学艺术学硕士学位。回国后，得到任意继续教诲，致力于艺术教育改革，先后担任了江南大学（原无锡轻工大学）设计学院院长、同济大学传播与艺术学院院长。林家阳是教育部高等学校高职高专艺术设计教育指导委员会主任、中国艺术研究院特聘研究员、著名的拉赫蒂广告设计展评委、北京 2008 年奥运会会徽国际评委、上海双年展艺委会委员。2005 年林家阳工作室被上海市政府授予“上海市原创设计大师工作室”，在国内外设计艺术界有着一定的影响。林家阳常说，他的成长和所取得的一切与任意先生对他的影响是分不开的。

任意出席“林家阳留德汇报展”开幕式

向中国学生学习

1992 年，在卡塞尔大学完成了一年的研修交流学习之后，我获得了一个破格奖学金的机会，开始经营我人生中的第二次大学生活——柏林艺术大学艺术学专业的正式注册学习。按常理，我的年龄和心理状态都已经失去了初次上大学的感觉，但又苦于中德教育观念和学校条件的巨大落差，我不得不卧薪尝胆地再谦虚一把，将自己原来有过 8 年高校教龄的访问学者身份降低为一个德国大学的普通学生。除了吸收新的知识，我还要锻炼一下自己心理的承受能力。无论是年龄差距还是社会阅历，我都比班上的其他德国学生高了一截；然而学习上的压力却很大，从国内高校里练就的引以自豪的功夫，到了那里却毫无施展的余地。我这个手头功夫好制作能力又强的人，在德国的讨论式学习环境中，以及以创造性思维为主的作业课题下，丝毫发挥不出自己的点滴优势，这种尴尬的僵局持续了一年多时间。直到我突破了创意方法的瓶颈和“奥秘”之后，才有了较大的突显。

有一次，我的指导教师霍尔戈·马蒂斯（国际顶级的视觉设计大师）对着全班同学说：“大家应该向中国学生林家阳学习，学会如何规划课题，在发挥创造力的前提下，不管是小作业还是长期课题，能够把每一件作业做到尽善尽美。”老师还强调：“动手能力和掌握先进的技术手段，对艺术设计的学生来说都十分重要。”在之后的学习中，马蒂斯教授经常会在德国学生中说：“去看看中国的林先生是怎样学习的。”在德国的课题里师生之间、同学之间的对话式的交流，是民主平等的重要方式之一。有一次马蒂斯

任意老师晚年

教授让我和大家谈谈，我的严谨工作作风是怎样形成的。我面对墙上正挂着的中国东方航空标志（当时我们正在做一个国际性的航空标志的研究课题），我叙述了标志的设计者——我的老师任意，是他让我学会了如何做设计，如何成为一个好的设计师。我在投影仪上写了我受任老师影响的三个关键词——目标、严谨、坚持——这就是我对我老师人生态度和工作态度的描述。马蒂斯赞同我的话题，继续用德国人的理解阐述了这六个字对设计师的重要性，并表示下次去中国一定要去上海拜访任意先生。当他1998年5月第一次来到中国并问及任意老师的时候，我告诉他任意老师不幸在5个月前辞世了，我们彼此对这不能再实现的期待感到十分惋惜和痛心。

第一次见面，给我留下了终身的记忆

我出生和工作在浙江温岭的小县城，因家庭出身和祖上政治的原因，不管在入少先队、入团、上学，在那个年代里都受到一连串的问题和阻力的影响。1975年，我们家庭以我的两个哥哥插队的代价让我进了电动工具厂做学徒，当时正值工厂的电动工具产品出口非洲，领导让我这个美术爱好者给产品做包装，并荣幸地被派往上海和机械进出口公司取得联系。临行前，温岭画家郭修琳老师特为我写了一封介绍信，有困难找上海永福路上海教育出版社张亦浩老师。张老师向我了解了情况后，把我介绍给了任意老师。张老师见我有些胆怯，安慰我说："任老师不仅设计得好，而且人也特别好。"在张老师与任老师招呼之后，我这个20岁的小乡巴佬战战兢兢地来拜见德高望重的任意老师（后来我才知道，"文革"的政治阴影当时仍旧还在他的身上笼罩着）。任老师马上放下手中的稿子，温和地朝我笑着并紧紧地握住我的手，让我顿时感到非常亲切，消除了原来的紧张。他还专门为我沏了一杯茶，示意让我坐下聊聊。让我感到意外的是，当任老师了解了我来上海的目的和今后的愿望之后，他还热情主动地约我当天晚上到他家里继续聊聊。那天晚上，任老师翻箱倒柜，向我展示了他年轻时期、上大学时期直到当时珍贵的作品，他的草图和创作过程让我大开眼界。到今天为止，（包括德国的一些教授在内）都没有人向我展示过那么多、那么好、那么系统的一个设计师设计人生所走过的历程。

从今天看来，任老师这些虽处在一个被封闭年代里，同时缺乏像今天媒体交流的便利条件，但其创意思想及表现手法的精确，对于今天来说，仍然有着重大的借鉴和学习意义。

初次见面，老师的一言一行给我印象十分深刻和让我感动，也充满了老师对晚辈的期望。值得欣慰的是，任老师不止一次在公开场合、个人交谈，或是他在 1997 年 5 月我于无锡举办的回国作品展览会上所作的发言，都称我是他最好的学生，一个懂得尊重感情的学生。谨此，我已经感到非常满足了，因为得到了我最敬重的老师的夸奖。

1997 年 12 月 31 日，当我在他临终前一天在医院里和他告别时，他紧紧抓住了我的手欲言不能，我却能理解他想说的话。可以告慰老师的是，他的学生很努力，谈不上做得最好，但他在努力地做老师希望的一切。

艺德 + 品德 = 大师

凡是我认识的人，不管是上海人还是北京人，不管是老师还是设计师，不管是青年学者还是资深的前辈，都在交口称赞任意先生。这个时代明星多大师也多，但在我的心目中，真正的大师是任意老师。他早在 20 世纪 50 年代，就已经获得了国际上最有影响的莱比锡国际图书设计银奖，凡是国内最有影响的巨著装帧设计，人们首先会想到让任意先生来担当。我在他的重庆路家作客时，不止一次碰到来自外省的出版社社长请他设计标志性图书。他不仅设计得好，课也讲得很好，他的眼界、目标、阐述问题的能力和语言的天赋，也是我少见的一位好教授。任老师会关心人、照顾人，不管是对长辈、同辈或是学生，他都是一样的态度。大师不仅要有大作，还要有大德，这个荣誉对于任意老师来说是受之无愧的。

任老师虽然走了，但他留给我们的却很多。我常想，如果设计师们都像任意老师那样的勤奋、孜孜不倦，那么富有创造力，中国的设计一定会恢复远古的辉煌；如果高校的老师们都像任意老师那样具有诲人不倦的精神和诚实科学的研究态度，我们一定会办出有中国特色的一流教育；如果领导们都像任院长那样廉洁奉公、诚恳对人，那么和谐社会一定离我们不远了。

任老师，您是家阳心中永远的老师，永远的大师！

2007 年 9 月 1 日

此文原载《出版博物馆》2008 年第 1 期任意专刊。

书籍装帧班的追忆

袁保诚、王晓阳等

任意老师在授课

编者按：任意担任上海大学美术学院副院长期间，创办了书籍装帧班，为学生们讲授书籍装帧艺术。30 年后，当年的学生聚于出版博物馆召开的座谈会上，忆及恩师……

袁保诚（竟先美术设计有限公司经理）：品格才是设计家的根本

一次，当我把设计方案拿给任老师时，他一边看我的设计、一边习惯地拿出纸和笔，道出了让我终身难忘的设计真谛："你的技巧已达一定程度了，然而，真正的设计是修养的流露，思路的闪现，我们称之'灵感'；再加上技巧的娴熟，然后千变万化，找出鸡群中的丹顶鹤。艺术之神只光顾'痴迷'的人，事务性地完成任务不可能设计出优秀的作品。设计家与画匠的不同在于前者展现的是艺术，后者只是表演技巧。"我把任老师的话写下，贴在书桌上，抬头便能看到。

设计"上海国际电视节"会旗会标时，我把设计稿给任老师看，他露出满含希望的眼神："这两幅'和平使者'和'友谊之桥'构思不错，现在是要让这'使者'飞得高，飞得远，飞得姿态优美，有气势。不要忙着交稿，设计家最珍贵的是时间，每一时每一刻你都将在设计，不到最后时刻决不交稿件。"最终，在任老师的指导下和同学的帮助下，我设计的会标和会旗被组委会选中。

我的作品"飞跃！更高的目标"被正式评选为第 11 届亚洲运动会海报后，去北京领奖前，我特意向任老师请教领奖的注意事宜，他一一关照，最后语重心长地嘱咐："袁保诚啊，看来你走的是一条成名成家的路，这条路很不好走，除了辉煌更加多的是艰辛。一定要知道：名誉只是幻影，艺术只是表现，品格才是设计家的根本！"

任老师教授我们设计的大美术，更引领我们做大写的人。

王晓阳（上海人民出版社美术编辑）：内心世界的勃勃生机

说到任意先生的作品，严谨、大气自不待言，最令我神往的是作品中透出一股非常独特的清新之气。我想这非一般理解的单纯性或质朴，它是一种毫不做作、自然而内在、又不咄咄逼人的感染力。它是东方人的温润、清雅和西方人的浓丽、劲健；中国民间的明快、茁壮与西方现代的理性、节律的自然融合。你感受到的是健康、平和、成长的喜悦。他的作品多明快、透明乃至强烈的色调，很少有晦暗、沉重的调子。这种清新之感固然与他的造型、用色有关，其实更可能的是源自他的阅世为人，源自他的品格。艺术家内心纯净的信仰，通过他的造型、色调、结构等要素之间复杂而又简单的关系传递出来。人生的苦难并未使之混浊，并未消磨向上的力量，而是在希望和喜悦的表达中找到宣泄的出口。我看先生的作品更有特别的感受：你觉不出作者是一位老者，画面里没有沉重（因了人生的积累），没有固执（因为守成而缺乏变化）或柔弱（因气衰而无力），而是饱满的、有力的，而这种有力仍然为作者所控制，它不逼人但你却感而能触。这股“气”在先生晚年的装饰画创作中尤为明显，我常在心里赞叹：这明丽而有力的画面何以会出自这样一位老者之手？中国人常言：书如其人，画如其人。稍了解先生的为人，你就会觉得：这清新之气是一个人内心世界的勃勃生气。就如人的灵魂在人的外表刻下的自然印记，每个人都有所不同。你可以感受它，可你如何能复制它、重现它？这些作品真的是他的孩子啊！

潘晋康（上海大世界集团公司美术师）：师生情深

我们在上大美院学习的两年中，任意老师每到学校必定要到我们书籍装帧班教室来，他始终关心着我们每一门课程的学习。每天下午，我们做作业时，他会悄悄地走进我们的教室，巡视在每个同学身边，耐心地解答同学提出的问题。在任意先生呕心沥血的关心和同学们的努力下，书籍装帧班被评为上海大学优秀集体，在学业上也取得累累硕果。为亚运会设计招贴画时，我们比中央工艺美院、浙江美院设计系晚三四个月才开始。但送选的 16 件作品，有 7 件被评为优秀奖，并有 1 件被评为一等奖。这个入选比例大概是选送单位中最高的。在上海电视节标志的设计活动中，袁保诚同学设计的标志被选定采用，其他同学设计的标志评上优秀作品，占了优秀作品的半数。这些成绩，使学院各方面对书籍装帧班刮目相看。

任先生对我们是真情关爱。一次他深情地讲起：我对你们真像对自己的小辈一样，几天不见会想你们，所以只要我在学校，再忙也要抽时间来看你们。说得我们很感动。所以，从毕业后一直到任先生离开我们，每年我们班都有同学去看望他，我们离开他家时，他会在窗口看着我们离去，可见先生对学子的关爱情深。

甘晓培（上海人民出版社美编室主任）：我们得益于任意老师

当时为了筹建上海大学美术学院，任意老师被调到上大去。他曾在班级里讲过，做领导和搞设计，他还是喜欢设计，他根本不喜欢做领导，但是组织上一旦决定了，他还是非常执著地把它做好。在筹办书籍装帧班的时候，他没想到会碰到那么大的困难。因为那个时候，出版社正从纯事业单位转为企业管理，经济上各个单位卡得非常紧，许多人申请读书，单位里都没有批。但是，任意老师做事情很认真，既然想好了，就一定要办，而且一定要办好，一定要办成功。他从其他单位像“纺大”等一共招了15位学生。任意老师深深了解我们这批年轻人的苦恼，他知道我们有一定的工作实践经验，但理论基础实在太浅了。他创办这个班，一是为我们创造一个很好的学习条件；二是他实际上离不开装帧设计，他办这样一个班，仍旧可以静下心来，把自己的知识传授给我们。在任意老师亲自教导下，15位学生都很有作为。

陆素义（《新民周刊》美术编辑）：**谦谦然儒者，蔼蔼然长者**

与任先生的非常珍贵的师生之交，是从我踏上上大美院校园开始的。任先生给我印象非常非常深的，就是谦谦然儒者、蔼蔼然长者之风范。

有个细节至今难忘怀。我们当时设计的作品都是用水粉画的，任先生在评论我们学生作品时，往往一只手是遮住嘴巴的。为什么呢？原来，任先生怕他讲话时，万一把唾沫溅出来，溅在我们作品上，就会有一点一点的痕迹。所以，任先生是非常尊重学生作品的，包括学生平时的一些创意，他也非常尊重，在我们创意的基础上，他再启发我们，使创意深化。

殷淑荣（《上海人大月刊》摄影记者、编辑）：**骨骼线的理念**

任老师教给我们的东西，在工作中受益很大。在设计方面我印象很深的一点是他对骨骼线的设计，就是骨骼线的形成。我觉得这一点很受益。我理解骨骼线就像人的脊椎骨一样，一根主骨在当中，旁边再生东西，它就有平衡点了。用在设计中，这一点延伸出来的东西很得益，成功率相当高。

李树德（曹杨影剧院美术师）：**前卫的前辈**

任先生尽管年龄比较大，是上一代人，但他的思维相当前卫、相当活跃，与最新的世界潮流是接轨的。所以，他教我们的知识也很前卫。当时好多东西没有归结到理论上，但任先生相当通俗地解释清楚，相当实用。所以，我觉得我们书籍装帧班是块试验田，任先生倾注了大量的心血在办，比较新的东西都在其中。可以说在整个上大美院没有先例的，他是第一个。

刘树华（上海市卫生局美术师）：**像父亲一样教我们**

我是班级里最老的，回忆起来任先生对我们的教育、培养确实是不容易的。我们这些同学来自各行各业，年龄层次也不一样，通过任先生两年的教育、培养，我们每个同学不但在思想上、业务上大大提高，可以讲重新做人了。他像父亲一样教育我们做人的道理，使我们班始终那么团结，这是不容易的。任先生把最好的老师请来教我们，比如，贺友直教插图，周有武讲色彩，王劼音教版画，都是最好的老师。我们觉得很幸运，都很感激任老师。

诸焕庆（上海东方国际商品拍卖公司艺术品部经理）：**终身为师**

任老师影响了我一辈子。刚刚有人讲到他是教育家，我觉得他是当之无愧的。刚刚也有人讲到 CI，实际上还有一个 VI，包括企业管理，包括公共关系。包括我们现在 ISO 认证，实际上当时从 CI、VI 中，任老师已经给我们灌输了大美术的概念，我觉得雏形已经出来了，而且蛮完整了。1988 年、1989 年的时候，任老师已经在创造这种东西了。所以现在我能走到这一步，都是受任老师的影响，一个是他的认真的态度，因为我们跟企业打交道，就是细节决定成败。当时任老师给我的启发就是反向做。什么叫反向做？就是要从很小一件事情做起。可以讲没有任老师，就没有现在的我。因为我进学校时，是一窍不通的，任老师一直在鼓励我，还教我一套办法，因此，我全国美展参加过好几次，中国美术家协会和上海美术家协会办的美展，基本上也是参加一次入选一次，基本上不打回票。

苏嘉雯（《上海电视》美术编辑）：**要做“好色之徒”**

大家讲任老师很严格，实际上任老师也很幽默的。有一次设计一个封面，因为我脾气、个性也蛮强，色彩上蛮强调几个颜色。当时，任老师一句话给我印象很深："搞我们这一行，一定要做'好色之徒'。这个色就是颜色的色。"他讲："苏嘉雯，任何色彩没有什么一定这个好看，那个好看，就要看你如何搭配，同类色也好，对比色也好，你搭配好了，就是很成功的书籍封面。如果你搭配不好，你再喜欢的颜色，还是达不到你理想的境界。"平常他确实很严格的，他讲话、做人，包括头发都一丝不苟，都是很整洁。这句很幽默的话，对我来讲一生受益不小。我这么多年来得奖的作品，包括我的职称评定、社会认可，基本上我觉得离不开任老师教的基础，美术学院给我带来的得益不小。

郭伟星（上海教育出版社美术编辑室副主任）：性格严谨，思路开阔

任意老师，既是我的老师，又是我的同事，我跟他相处有十三四年的时间。他的身上很突出的是严谨、严格、认真。照理具有这种性格的人，非常严谨、一丝不苟，好像很小心谨慎，但他的思路相当开阔，相当领先。他出一个作品，给人一种震撼力，觉得从来没有看到过，很领先的，有领导潮流的感觉。

他给我印象最深的，一个是字，一个是色彩。他对色彩非常讲究，有句话叫"惜墨如金"，他说要"惜色如金"。用颜色不要太大方，要小气，要讲究对比。颜色跟文字一样，没有什么好看难看的，只要弄得好就好看，搭配得好就好看。文章做得好了，文字才有价值。颜色也一样，变化万千，所有颜色，不是你欢喜哪个颜色，最后出来效果就是好的。要经过你的搭配、处理才会好，要惜色如金。

以上文字由张霞整理。此文原载《出版博物馆》2008 年第 1 期任意专刊，略有改动。

印象任意老师

李明晓

我离开美院 30 年了，我们是 84 级第一届学生。任意老师当时是上海美术学院副院长，负责设计这一块，平日跟学生的接触比较少。任意老师是我很尊敬的一位老先生。在当时的上海的设计界，他的设计应该说是比较超前的。改革开放初期，在我们的设计课程中，平面构成的概念还没有，连这样一个名词都没有，没有这样一个的课程设计，传统图案课就算是一个设计技巧了。任意老师着重于对象的提炼，使形象简化，如他设计的东方航空公司标志。在他的指导下，他的一个姓袁的学生设计了第一届上海艺术节的标志，当时在上海有一定影响，包括上大美院的那个标志也是他设计的，上大美院的“美”字标志，它就是那种非常简洁，同时含义又非常丰富，他把学院本身的内涵挖掘出来了。东方航空公司的标志，它是燕子的外形和一个 EAST 的 E 的形状相结合，代表的寓意也是非常好的，还有用了将近 20 年的虹桥机场 logo，这个标志用非常简化的方式挖掘机场风格，表现机场内涵，用 AH 字母来展现，H 代表了虹桥，A 代表 AIRPORT，两个实体英文中间有个虚的 I 加一个透视线，同时这两个字母的组合有一个飞机的形状，三个字母重叠了多层意思，非常的简化。当时这个标志招标，几千户参与竞选，最后都不满意。最后我请任意老师来设计这个标志，设计完成后大家都喜欢。任意老师非常认真负责，中间手写了一封信给我解释这个标志，当时的设计稿全部都是手绘，这个标志有 30cm×30cm，花了很长时间，而他作为校长，平时事务繁忙，不仅要带学生还要挤出时间来设计这个标志，很不容易。

虹桥机场 logo

任意老师上课中

学校刚成立时，教学上还相当不完善，很多老师都是外聘的，像美术史聘请的是王伯敏老师，工艺美术聘请的是潘佳昌老师，任意老师是负责我们班的。第 1 届本科就我们一个班，当时班上有 14 个人，那个时候算多了，因为油画班才 5 个学生。“文革”结束了以后，社会上积聚了很多人来考试，像我们这个班应届的才 3 个学生，我也是 25 岁才去大学的，都是大龄的学生在一起。任意老师有点严肃，一般不苟言笑，但是他非常诚恳，给你指点非常直截了当，一看就是一个非常严谨认真的人。他的设计也这样，不拖泥带水，不管是讲话还是做什么，他嗓子不是很响，声音还是比较轻的，温文尔雅的，但是，态度是很坚决的，当他要来跟你说这个事情的时候。上大美院环艺系的刘森林老师是我的同学，我们班 14 个人最后留下做老师的就我和他。我记得当时别人说“毛泽东选集”这五个字是任意老先生写的，练习美术字时，我们就按“毛泽东选集”这五个字练。这五个字是手写的仿宋体，当时没有机器印刷，是先写好再修改的，我记得铁路局的标志也是任意老先生设计的。我特别尊敬老先生，后来他还给我手写

任意老师上课中

任意老师与毕业班同学合影

了一封信，我每年过节前都去拜访他。

任意老师给我最深的印象还要数他对设计专业独到的见解，他设计的文字，字体瘦长漂亮，都是通过手写完成。那时候他是国内第一个敢于这样设计的人，这在当时是一件不得了的事情，可谓国内设计第一人。我们当时的美术字课程不是任老师教授的，但是看过他的字体之后，我们在笔触的粗细、所表现的空间和比例上都模仿任老师的字体，久而久之，对于我们设计审美的提高提供了很大的帮助。

那时候的设计都是手工，特别需要耐心，完全是体现真功夫的年代。现在信息科技发展迅速，学生们好像也都不愿意这么做了，其实这也是一种教育上的缺失，老一代遗留下来的东西还是值得学习的，静下心去做一件事，会使我们养成一种好的习惯。那时候我们一天会写两个小时的小楷，那种习惯性的训练在潜移默化中会对我们产生很大的影响，它使我们学会耐心地把一件事做到完整，而且把这种精神融入到你今后长期的做事方式中去。其实做每件事都是这样。现在学生对于课程的态度就没那么认真，学不好的时候，他们第一想到的就是放弃。学校里安排的课程你可能觉得不太喜欢，其实学校这样安排也是有一定的道理的，因此不要轻易放弃。你能把每一件事、每一门功课都以全力以赴的姿态去面对，四年下来就会积累和收获很多。如果你这个不喜欢就放弃，那个不喜欢也放弃，很快，四年一过，什么都没学到。我想任意老师那种严谨的态度，不管是在教学上还是在设计作品上，对我们的影响都是终身的。

我们那时的教学和现在是不一样的。首先，基础课通常比较长，要上到二年级，现在可能就一年级有基础课。其次，我们设计专业本来也没有明确规定专业方向，统称“美术设计”专业，到了三年级要毕业的时候改名成“室内设计”，之后觉得室内设计名头不够响亮，又改成“环境设计”，所以说，平面这一块的课程压缩得比较少。我记得，大概三年级时，“平面构成”这一概念才开始进入中国，那时候请了一个日本的设计师来上课，他是第一个把这种概念传入到中国来的，是那时候我们的老师，就是现在江南大学的吴进芳老师在日本留学的时候把他请过来的，所以那时候才有一个叫“平面构成”的课。可惜我们马上就进入三年级了，没有机会上到这样的基础课，但讲座我们去听了，日本设计师足足讲了两天，非常传奇和生动，大家都很欣喜还有这样的一个课。这个课程就是将最基本的元素简单组合排列，形成各种各样带有韵律的画面，以前都是从一个植物或者动物的变形来作图和训练图片的变化，从此，点线面的运用开始频繁活跃起来。我为什么觉得任意老师不简单呢？因为他的设计在平面构成传播以前就有了，就是和这个暗合了，他以最简单的元素来构成画面，不是从那些具体的理念去抽离，不仅仅是以这种方式，更是按照平面构成的方式，所以说任意老师眼光极其超前，他的设计风格在没有与外界交流的情况下居然都能与国际接轨，令人钦佩。这些东西若放到二三十年后看也许觉得没什么，但在当时是非常大的突破，所以任意老师声名卓著，原因就在此。包括他所设计的标志和图案，形象简洁，内容丰富，深受人们喜爱。任意老师的作品也是雅俗共赏的，东航标志有上千幅作品参选，但只有任意老师的方案被机场领导们看中。机场领导们都是非艺术专业的，他们的眼光停留在大众审美的位置，很有代表性。但是他们看了那么多以后，看到任意老师的作品就立刻定了。以后，我在机场做过一段时期的广告设计工作，我的设计风格深受任意老师的影响，以简洁为主，而且后来户外广告的路牌利用了任意老师所设计的机场标志的特点，我增加了些简单图案置于背景，作为虹桥机场的广告牌，结果还得了一个第三届全国广告牌的大奖。那时候的广告牌，上面诉求的东西太多了，厂名、电话、厂址、产品等，视觉传达要求在0.6秒内，引起在飞速列车上的乘客们的关注，否则你的作品就是无效的。我当时做设计的时候就按照任意老师的理念来走，好的作品应该让人第一眼看到企业的一个形象，即在零点几秒内达到你诉求的最佳效果。我想我能得奖并不是因为我设计好，而是任意老师给我的理念。后来我设计的机场宣传品、挂历等，都会拿过去给任意老师看，他会帮我分析和点评，并给出有益的建议，所以有个好的老师会终身受益。

德艺双馨任先生

刘森林

任意老师与毕业班合影

刘森林在采访中回忆任意

任意先生是1984年调到美院的，美院也是从1984年正式开始招生的。我在1984年进入美院，我们是美院的第一届学生。美院的学生都不叫他任老师，而是称呼他为任先生。在我印象中，大概过了3个月，任先生升任副院长兼任系主任，他是我们的第一任系主任。上海美术专科学院全日制学生就招了一个班，就是我们这个班，全班一共14个人，到后来我们才知道是在几千人里面招的14个人。任先生没有给我们班正式上过课，当时还没有分国画系和油画系，都叫绘画系，在当时还招了两个班，一个叫国画干部专修班，学员有施大畏、韩硕、张培成、王文杰等16个人，他们也是1984年进来的，另外一个是油画干部专修班，梅琳、赵立夫、吴立等17人，所以其实一共有三个班，专修班是1984年到1986年毕业，而我们本科生读4年，从1984年到1988年。任先生经常到到我们教室里来看，因为整个美院就我们一个本科班，所以他大概两天来一次。当时的美院的情况是教师比学生多，一共有三间教室，我们的教室在六楼。我记得很清楚，在1984年11月上旬一个周四的下午，任先生给我们班开了个小型座谈会，由任先生来讲我们听，我们14个人很整齐地坐在教室里。当时是一个人一个大桌子，四年都不变，我们每个人都坐在桌子的后面，任先生说靠拢点，因为教室比较大。这堂“课”我记忆十分深刻，因为任先生一副威严的样子，让你感觉很难亲近，为人一丝不苟，十分严谨，因此我们都很恭敬地看着任先生。他主动提出来要跟我们班开个座谈会，我们也觉得这是很好的一件事情。任先生的讲述比较平淡朴实，平铺直叙。我印象中他讲话主要由两大块组成，第一块以经历为主，一个是求学经历，另一个是工作经历；第二块谈他的设计过程和特点。前后时间将近两个小时，从头到尾都是任先生讲述，没有一个同学插话。任先生讲话有一个特点不疾不徐不快不慢，一口平缓的上海话，中间没有喝过一口水。我印象中比较深刻的是他的一个经历，20世纪40年代他美专毕业后到一家毛巾厂工作，这个我在任何关于任先生的史料中都没看到过。“其实这个毛巾设计很难，为什么呢？”这是他原话。因为毛巾是用来洗脸的，所以上面的图案不多，又不能像白布一样没有，这就需要很简练的形，很简约的色。在颜色的选择运用方面也很有讲究，也不能全部是一种颜色，因为毛巾分洗脸的、洗脚的等，如果用同一种颜色就会分不清楚。这么一件很小的事情使他认识到惜墨如金，因此他总结了一点，有时候越是简单的东西越是不好处理。第二点他说了一个整个上海设计界都不知道的事情，他舅舅是来楚生，他不仅是画家也是很著名的篆刻家，他也是西泠印社的一个主要领导，他最著名的是肖形印篆刻，他是一个典型的文人画家，他的东西品格很高。任先生说他从小受舅舅影响，这篆刻的小小方寸天地里面学问很大，对他的影响和启蒙是潜移默化的。接下来谈论的是他艺术的经历和实践，他曾经这样说过，他做任何事情在构思方面都十分的严谨，他没有用殚精竭虑，我却想用殚精竭虑这个词来概括。他经常要思考和练习，因为他的学术态度和做人是一致的，表里如一的，这种是很难能可贵的。一看任先生走过来，你就会知道他是个很严谨的搞设计的老先生，他的作品跟他一样是一丝不苟的。还有是他的习惯用语，我们 20 世纪 80 年代曾经流行的语言叫"光挺"，他的稿子一旦给了出版社或使用方以后就马上可以用了，这和他严谨的态度是一致的。那天下午他用了"光挺"这个词十几次，他说他的稿子肯定是十分的光挺的。在到美院前，他的工作单位是上海教育出版社，他家住在复兴公园斜对面，离出版社大概两站路，他的大部分成绩如莱比锡获奖、《书林》杂志获书籍装帧全国一等奖等都是这时期的成果。以上这些是他给我们上了一堂课的东西，大概两个小时，没人插话，结束了之后，他站起来我们也站起来，他就说了今天我跟大家聊聊，以后有时间的话再跟你们谈。我们班百分之八十的同学都是历届生，我大学考了 5 年，还有一个同学考了 7 年，另外还有个同学是新长征突击手，就是现在说的劳动模范，他可以放宽 3 年，当时高考 25 周岁还可以考的，所以报考的年龄可以从 25 周岁到 28 周岁，都是拖家带口的。因为我们是第一届有特殊原因的，应届生才两三个，所以一个班级年龄相差很大，主要是大家没想到任先生会以这样的方式跟我们第一届本科班开座谈会。任先生讲话没有抑扬顿挫，不快也不慢，我们就静静地听。现在想起来是个比较奇特的经历，至少对我个人来说用受益匪浅这个词是轻了点，受惠终身这个词比较合适一点。尽管才短短的两个小时，他这个治学与为人的统一，兴趣与专业的统一，对我们做人做学问方面影响是很大的，这种影响当时是感觉不到的，到后来才慢慢显示出来。

还有一件小事情让我印象比较深刻。在大学二年级时，我跟我们班级的一个叫陈哲的同学接到了华东师范大学出版社邀请的书籍装帧工作，我俩就找到任先生的院长办公室，正好任先生有时间，就把我约到办公室外面的会客室。我们就把画好的小彩稿给他看，任先生很是开心，他就我们的作品提了一点意见，嘱咐我们好好把它做好，并相信我们能够做好。那天，任先生的兴致颇高，我估计他也没想到还在读书的两个学生已经可以自己接项目了。后来这个稿子被出版社采纳了，任先生听闻十分替我们高兴，我们也特别感谢任先生对我们学习和工作方面的耐心指导。任先生的教学工作开

东方航空标志

始于1985年之后,当时环艺系设有两个书籍装帧班,这与任先生的专业刚好吻合,所以,任先生每天都是到他们那里去。到了高年级我们就倾向于建筑方向,离任先生的专业方向越来越远,但是预答辩他还是来参加,因为我是提早被留校的,所以整个预答辩的过程我都有参与,任先生参加预答辩的整个过程极其认真,说话的内容不多,但给出的意见却非常中肯。

有关任先生所设计的东方航空标志,由于我留校任教,所以知道任先生设计被采纳的时间是1987年而不是1986年,因此,《足迹》上记载的搞错了。以后,任先生还设计了上海虹桥机场的标志,这些都是上海标志性设计。

我们同学聚会的时候都会谈到任先生,他毕竟是我们第一任系主任和副院长,就我个人而言,也是非常怀念他,一是怀念任意先生本人,另外怀念的是任意先生当时领导的工艺美术系,后来改名成设计系,怀念那时教学的良好氛围。另外就是任意先生的为人作风和从艺的高水准要求始终保持一致,以及他对艺术设计的执著追求,这种难能可贵的品质值得我们每个人学习。今天的教育者更加需要这种品质,否则,教育质量怎么保证?现在的学生和我们那个时候还是有区别的,我们班当时14个人,包括后面进来的同学,我们当时什么书都看,不懂的地方就跟老师课下探讨,你要看了很多书才跟老师有话谈。现在的学生可能比较闲,都不大看书,我现在带的学生包括博士,基本只读规定的书目,阅读量根本不能跟我们那时比。我们当时基本上把图书馆的书都翻烂了,图书馆馆长当时就美术学院做过统计,我看的书是最多的,因为美院就我一个人住在学校,每天看到晚上十点钟。任先生没有给我们班授过课,但是对我们却很关心,经常来我们教室巡查,他总给人敬畏感,但你真正接触以后,会发现任先生是个和蔼可亲的人。因为后来我留校,接触的时间比较多,我知道他除了有严厉的一面以外,还是个诲人不倦、废寝忘食的先生,这一点跟他接触少的人不会知道。他看起来不善言辞,但一般来说,他给学生的建议都很中肯,一开始你可能听不进,但仔细想想都是为你好,所以说任意先生这个人跟他的名字完全是对不上号的,名字是“任意”,其实他一点也不任意,我想用“德艺双馨”来形容任先生是最恰当不过的。

手绘的拍纸本

沈文琪

进入上大美院之前我已喜欢上书籍装帧设计,已主编所在公司团委的期刊。在书店每每看见清新素雅、别致大方的书籍封面时,免不了会将书籍翻转过来看一下设计者是谁。那时亦是“文革”后不久,知识相对贫乏之时,社会大众对书籍封面设计远没有像现在那么重视,映入我眼帘比较多的就有“任意”两字。任意——一个多么好的名字,那么有意思,而他又是怎样一个人?但凡买书先查验出版社和书籍设计者是我的一个习惯。这是了解“任意”的第一印象。

进入上大美院就读以后,在学院班主任训导时说到任意是上海大学美术学院副院长兼成教院院长之后,开始了我对任意的第二印象。了解到任院长严谨的工作态度和处事要求,我是既兴奋又担忧。兴奋不言而喻,担忧的也不是我会迟到早退之类,而是对装帧设计的无知。这个班大多数学员是已有工作的在职学生,而自己设计根基不深过不了关怎么办?班主任是警钟一遍遍地敲,我们开始想象院长的形象了。

任意老师工作照

随着基础课、公共课的纷纷结束,专业课程开始了。杨艾强老师率先传授美术设计,此时的我们真像块海绵吸水那样,如饥似渴地在如何设计的海洋中徜徉着。时间在慢慢地流逝,而我班同学们早已听闻任意老师设计课程那么棒却排不进亲授。同学们的心情非常地焦虑,不断与成教班主任李薇老师和吴韵清老师建议。不久听闻任院长将亲临教授一堂设计课程时,同学们别提有多高兴了,这是任院长百忙之中专门为我们增加的课程。事后在与班主任和任课老师接触中了解到任意院长非常关心我们这个班级,爱护学生就像对待自己的孩子那样,每每见到学生优秀作业也异常地高兴。课间我们也经常见到任院长在班级门口注视着教学情况,见面时也会询问学习得怎样。感觉全然没有了之前严厉的形象,更像是一位和蔼的长辈。

令我们目瞪口呆的手绘小样集

这一天来到了,这是我们期待已久的任意老师亲授的设计课——“怎样利用客户所提供的资料和图片进行版式设计和书籍封面的设计”。这一天没人迟到,没人缺席。任意院长身穿浅灰色夹克上装,一头灰白头发整齐地往后梳着,两眼炯炯有神,精神矍铄地站上讲台。使我们大开眼界的还不止这个教学课本身,我自恃对设计草案工作很自信的,画稿能画得出十个绝不会提供九个方案。但在讲台上堆放着任院长携带的课件,才让我们真正开眼界了。惊讶于他的备课课件——一大摞拍纸本与一叠《文汇月刊》《大众电影》杂志,任院长为了给我们上这一课,精心准备了他自己毕生的教具,他带来了 20 本拍纸本,上面有他为客户手绘的方案设计草稿。我看得目瞪口呆:其中有标志的设计初稿、构思过程,有素描样的书籍封面小稿样式,有方案比较用的推敲

上课中的任意先生

稿件……同学们从来没见过设计还有草稿，争相传阅着，还时不时向任老师提出各自的疑问。整个课堂严谨而又活泼，眼中的任意老师全然没有先前严厉的形象了，更像是一位学长在传授自己的设计体会。同学们静静地听着，不知不觉原本一堂课的时间悄然已经延长到了两堂课的时间了。这是任意老师给我们上过的受用无比的一堂课，也是永远不会忘记的一堂课。

仅仅一个《民间文艺》设计小样就有若干种，且全部来自手绘

作者为原93级成教装潢班班长，此文写于2015年2月2日。

是老师，也是楷模

许承兴

从任先生们身上可以学到很多东西，他是真正的老师，也是我们的模范。和他们接触越多感受越深，收益越大。在成长的道路上，有很多人帮过我。任意老师是其中一位，由于工作原因与他接触时间较长，从中学到很多。

任意老师在1992年任学校夜大学校长，因为当时学院内条件不允许，教室不够，所以要与其他单位合作。1993年得到市高教局支持，学院领导同意校内一号楼七楼加层，作为夜大专用教学场地。过渡期间夜大学办公室搬至长宁区工人俱乐部内（离上大美院较近），任意老师和我们暂时在长宁区上班，一年后房子造好我们又搬到美术学院。没有电梯，老先生每天从一楼走到六楼，而且每天早上7点50分老先生肯定到教室，所以“逼”着我也得在7点50分前到。任先生教会我两点，第一对于教学要非常的认真，只有认真才能培养出好的学生；第二，对生活，必须是位正人君子，讲诚信而且严于律己，因此每一位学生和老师都十分尊敬任意老师。

那时，学校气氛非常好，大家相互间常常见面，年纪也非常轻，现在当然都是老教授了。当时我们都叫任意为任先生，是一种尊重。任先生的作品很多，但由于对自己近于严苛，因此一直没有出版过画册。1984年他从上海教育出版社调职到上大美院，先担任工艺设计系主任，不久就担任副院长，一生都非常严格地对待教育事业。即使是亲戚来报考也从不放松态度，完全按照政策办事。有时候觉得任先生融于社会，有时候又觉得和社会不搭界，有一种文人的清高和知识分子的气节在。任先生从来不收礼，仅仅收过同学的画册，更不可能因为同学送礼或者说些好话，就把分数打高一点。任先生坚决抵制对待作业偷工减料、不动脑子、不花时间等现象，反复教导大家，即使作品不成熟也不可抄袭。他是一位真正的人民教师，因此他这种认真负责的态度，一直影响着我也要力争做到这一点。

任意老师做事小心谨慎，性格也严谨，在美院可以说没有一位老师会说任意老师不好的，他是良师益友。任意老师当年主要是抓科研的副院长，1991年夜大学成立，当时我就和党委书记和院长提出申请，是否可以请刚退休的任意先生出来当校长，有任意先生的名气在，这样我们可以在上海站到很高的地位。在当时上海的艺术界或出版界，任意先生是首屈一指的，而且很多老先生都是撑起了上海大学美术学院的半边天，例如章永浩、廖炯摸、顾炳鑫，也包括任意，他们都是在上大美院成立时来到学校，参与组建的，因此上大美院发展与他们当年的付出和努力是分不开的。1984年，上海大学美术学院第一次招生，当时本科专业大约是14名学生，那批学生里面有现在的设计系刘森林老师，同时又招收了干部专修科，有两个专业：一个是油画班，一个是国

上大美院成人大专班94届合影

任意老师家属及许承兴老师捐赠上大博物馆的资料

任意老师带领学生采风时合影

上海大学美术学院88届摄影、装潢班毕业合影

画班。其中就有施大畏、韩硕、王文杰、汤宝玲、赵以夫、梅林、李朝华、阮祖隆等。1985年除了油画、国画、设计等本科外，也招收了工艺设计学生，其中就有我，专业名称叫做包装装潢。在设计教育方面任意老师是当时的负责人。因为他自己就是搞设计的,因此他非常关心这些班级。40个同学,分成两个班。还有个班级是上海医药局委托的医药包装专修班级,所以共有三个班级是学设计的。我同时在教务处工作,边工作边读书。任老师对我相当严格，我的水平在班级里不算好，因为班级里有很多同学当时已有很响的名气，任意先生要求我在上课期间不得缺席，不允许因为工作而影响正常读书，因此我经常靠加班来完成我在教务处的工作。

任意老师上图案课程，同学们非常听话，还有些畏惧任意先生，因为任先生的社会影响力和一丝不苟的性格，让人很是尊敬。老先生非常注重外表，上课时西装领带，站姿笔直。学生有进步，老先生绝对不会吝啬表扬。任先生还有一个特点是不允许任何人撒谎，如果真的做不到，就老实地告诉他，不能以各种理由来敷衍他。任先生就是一位完全的彻底的老知识分子。

到了毕业设计阶段，老先生严格到什么程度呢？毕业创作是半年的时间，任先生和系里其他老师商议后规定，每个人设计一个系列，比如招贴加包装，同时还要有一张装饰画或者瓷板。创作初期就规定每个人十张一周后交稿，全部手绘。第一次审查时任老师带领全部设计系的老师来，所有学生的作品全部枪毙，随后第二个星期，每个人又是十张。有些同学会通过，任老师会从中挑出一两张来，让其深入设计。每周不停地再扩展十张，不断深入，不断消化，紧张但却有成就感。先生的严格和细致，让同学们受益匪浅。而且每年毕业创作，他都请来上海名家来指导学生毕业创作，所以教学质量非常之好。在当时没有电脑，每天开夜车全手绘的毕业创作阶段，大家都是开心的。

有一位任先生的学生朱枫，做一个照相镜头的招贴画，为了一个镜头的效果，喷绘很多次。学生们画的招贴画上的字，任先生都亲自过目，大小、颜色、字体，事无巨细都一一过问，和学生们一块商量。

他1992年退休，随后复出当夜大校长，来后整个夜大的面貌焕然一新，请来的老师都是美院各个系的以及社会上的优秀教师。任先生核查师生到校情况，以身作则，严肃认真。上课时会站在教室窗外观察学生上课情况，同时每天都提前10分钟到校，当年的学风、校风、教风都特别好。

1994年，任先生70岁，我们为任先生办生日会，大家都为老先生祝贺。

1998年4月17日，在上海美术馆举办夜大学十周年毕业设计作品展，引起社会轰动，其影响至全上海乃至全国。

1996年时，上海残疾人聋哑学生联合会找到我们，希望学校可以为残疾人教育做出一点贡献，任老师觉得非常好，非常支持。后来办学非常成功，都是任老师奠定的基础，也为学校留下一个好名声。

任先生生病后，不让人来探望，既是注重自己的形象，也怕麻烦影响别人。

任先生的追悼会，没有悼词，只有学生进行的诗朗诵，每人将写有“任意先生一路走好！”的白纸挂在墙上，不落俗套。

上海第一届国际电视节的标志设计者袁保诚，他的这个作品就是在任意老师的指导下完成的，是上大美院第一次获得标志设计的大奖。任老师在严格教学同时又愿意帮助学生。

在夜大学期间，任老师每年为夜大学生毕业设计作品出一本画册，1998年出了一本最厚的，但任先生未能见到，夜大的成就只能以展出的形式告慰他。夜大学在他的领导下，已经得到社会的一致认可。

1997年11月，在这之前，任先生有时与我们谈心，他总觉得身体不适，腰酸背疼，夜不能寐。我们大家都以为人过七十，难免有酸疼之状。当时我们还请体育老师给他推拿按摩，总不见效。他的一个亲戚见任先生身体如此，建议他全身检查诊断是何原因。当时我在外地开会，大约在20日左右回到上海，周一上班，办公室里老师告诉我，任先生找我，叫我去他家一趟，我不知是何原因，因为任先生从来不会主动邀请别人去他家，我感到忐忑不安。一到他家，见他躺在床上，仿佛一下老了许多。谈了很久后，我才知道其中的情况：他听了亲戚的建议，去仁济医院做了全身检查，诊断结果是胰腺癌。

我回到学校后向院领导作汇报，领导当即表示对任先生的治疗给予最大支持，只要利于病情好转都要全力以赴。当时许多老师都希望可以去曙光医院探望任先生，他委托我都婉言谢绝，任先生不希望因为自己而打扰了其他同事。后来12月底的时候，任先生又告诉我，如果有同事学生想来探望的就来吧，其实他是知道自己命不久矣。1998年元旦凌晨任先生离开了我们，但直到上午9点多他的家人才通知大家，因为任先生临终时嘱托，尽量不要打扰别人。这样一位有着高境界又对生活和工作充满热情的老人走了，他留下的是人们对他无尽的怀念和永远的尊重！

本文由许承兴口述，王文澄整理。

怀念任意老师

上海大学美术学院首届聋人大专班开学典礼

王文澄采访许承兴老师

终身的影响

诸焕庆

任意老师与毕业班同学合影

任老师对我的影响是终身的。他在世的时候我们每年都去看望他。班级里所有同学都觉得无论是做人还是专业学习方面，任老师都是学习的楷模。

当年的班级因为大家年纪不一，我年纪最小，大家都爱称我为小阿哥，包括严肃的任老师都这样叫我。那年的亚运会招标，要经过非常严格层层筛选，但是任老师的班级多人入围，最后袁保诚同学中选。这也是整个班级的集体智慧的结晶。袁保诚同学的整个设计过程全都由任老师把关。后来，浦发银行的商标设计也是袁保诚在任意老师的指导下完成的。

我在任意老师的指导下也曾连续两届入选中国美术家协会的展览，还曾入围九年制义务教育书籍装帧设计。

任意老师在校时主持设计上大的校徽，一棵树，六片叶子，最小的的一片叶子代表美院。获得了师生的无数赞美，大家都觉得这个标志非常符合美院的气息。

任老师一生获得的最高奖项即莱比锡奖，大会送给他一本精装的《圣经》，封面烫金，做工细致，精美至极。老师还带来给我们看，让我们都叹为观止。

任老师的课程讲究颜色，他的版画功底一流，并且一直坚持手绘封面设计，事必躬亲，还请研究所的专业人士来给我们上课，例如贺有直、周有武等来教我们插图课。

任老师认为设计与绘画泾渭分明，设计就是设计，绘画就是绘画，所以任老师教育出的学生设计一流。我们上文字课，练习文字设计编排，常举一反三，例如锻炼我们用眼睛找一张白纸的中心，视觉的黄金分割点。任老师的课注重实践，要求我们擅长归纳，如字与字的距离最好是在哪里眼睛看着最舒服，什么种类的书籍选择什么样的字体，书的开本、厚度都要考虑进去。

任意老师是一位严谨、和蔼、宽容的老教授，平时助人为乐。国画系的张国梁虽不是任老师的学生，但任老师觉得他有才华，适合出版工作，便介绍他到上海教育出版社工作,如今他已成为一名优秀的书籍设计师。任老师从不吝啬介绍学生去寻找适合的工作，且不是强制性的，而是分析利弊，让学生自己有考量的空间，再决定去或不去选择这个工作。任老师桃李满天下，出版系统的设计人员大都和任老师有关系。

在任老师的课堂上我印象最深的是学习色彩。任老师要求我们重复调色，不厌其烦,然后给予建议,有时会重复几十遍。有时调出的颜色国内的印刷机都印不出来，任老师便安排我们去印刷厂实习，了解工艺和工序。

他晚年的时候我们去他家看他，告别后任老师还在窗口目送我们离开，这场景让我印象极其深刻，难以忘怀。

第三章　艺术观念

在探索中追寻

任　意

艺术是没有止境的，因此艺术实践永远是一种探索。我就是在这条不断探索的道路上迈着自己沉重而艰难的步子，这中间有前进，也有后退，但更多的是徘徊。探索是艰苦的，可是我仍乐此不疲。

在这里试从几个方面谈谈我是怎样在实践中探索的。

构思的探索

构思是装帧设计的灵魂。在这方面，我们必须倾注很多的心血。要在了解书籍内容、性质、风格和气质的基础上，展开想象的翅膀。要大胆设想，不要在任何一个已经出现的构思上停步不前，要善于发现又善于推翻。有时甚至不妨“偏离”书籍的本身特点，“偏离”书籍装帧的一般规律。在另一方面又要谨慎地、冷静地在众多的构思中去认真选择，去攫取最能体现内容又具有形式美感的艺术形象。没有前者，思路就无法打开；没有后者，封面设计就可能成为一张游离于书籍内容的光怪陆离的包书纸。

构思时，首先要对未来作品的格调、气质，有一个明确的但并不具体的概念。在这一概念的指导下进入具体的构思。如《中国货币史》是本学术性的历史读物，我在构思时的设想是要在装帧设计上着力表现古朴和民族风格，因此一开始就想仿照传统线装书形式，用满版民族图案纹样，和一条题签式的书名。这样的形式虽然有民族风格，但感到缺乏新意，并且与内容结合得不够。后来书稿中丰富多采的货币插图，为我提供了素材，于是就想用各种古币来代替图案纹样。但装帧设计不是内容的图解，把从贝壳到纸币那么多货币罗列在一个封面上，未必是体现内容的好形式，同时画面的繁琐、庞杂，以及精装本工艺制作上的局限，促使我放弃了这样的构思。最后决定选择具有代表性的“古钱”和“布币”作为封面的主要形象。这不仅因为这两种古币是广大群众所熟悉的，而且在造型上，一种是方形，另一种是圆形，形成了很好的节奏感，为塑造封面的形式美，创造了有利的条件。在构思初步确定之后，再通过一系列的艺术处理，就形成了最后的装帧设计。《外国文艺》是一本介绍国外现代文艺作品的期刊，我的立意是要在封面上着力表现“洋”和“新”。第一个出现的具体构思是用抽象的几何图形和强烈的对比色彩来塑造封面，但感到毕竟流于一般，缺少应有的艺术特色。接着就想选用该刊每期介绍的现代美术作品，来作为封面的设计素材，想借助这些作品来表现“洋”和“新”。尽管这个设想比原来的前进了一步，但仍然感到不满足，于是想另外寻找一条新路，试图以突出拼音文字来加强封面的“洋”味。最初只是从单

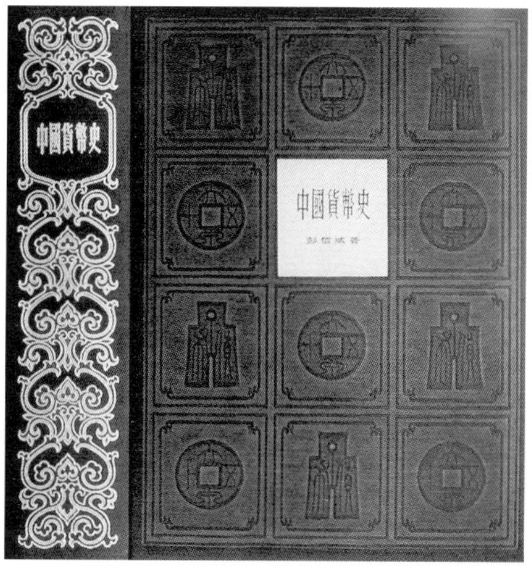

《中国货币史》封面

《外国文艺》封面

《木刻的实习与创作》封面

《宗教是怎样产生的它的本质何在?》封面

字的角度对拼音文字进行排列组合,但始终没有找到满意的形式。正在这一思路受阻时,后来突然发现了“外国”和“文艺”两个词组的拼音文字都是以“W”开头。这一发现,使我豁然开朗,于是就在这两个“W”上作了反复推敲,最后才形成了如今呈现在读者面前的这个封面。

构思中最令人棘手的是理论书籍,它既缺乏情节,也没有具体形象,常常使人感到无从下手。对于这类书籍的装桢设计,我常常“从抽象中求形象”,在构思中千方百计去寻找可以体现内容的形象。对《宗教是怎样产生的它的本质何在?》这样一本哲学书籍的装桢设计,用什么来体现内容呢?我一时无法找到合适的艺术形象,只想到用灰暗、深沉的色彩来烘托该书的内容,因此想用满版灰色,加上黑色的方块,中间透出白色书题。就一本理论书籍的封面来说,用这样的形式,也未尝不可,但是不是能找到一个与内容相关的更好形象呢?我面对这个黑色方块,苦苦思索,终于从黑色方块联想到一个昏暗、幽深的教堂窗户。这样,我就从抽象中找到了形象。黑色方块就演变成教堂的窗户,成为现在这个封面。它既保持了理论书籍的庄重、大方,又在一定程度上体现了书籍的内容。

对内容抽象的书籍是这样,那末对有具体形象的书籍是不是就不用再去进一步探索呢?当然并非如此。有时候,往往需要“从形象中求抽象”,对具体形象进行提炼和升华。《木刻的实习和创作》如果用写实的表现手法,可以在封面上刻画一个正在进行木刻创作的人物形象,但这样的构思毕竟一览无遗,太“实”了。于是我考虑用油墨滚筒和木刻刀错落有致地排列在封面上,再从滚筒处拉出一方色块,在这里安上书题。这个构思,似乎比原先的较为含蓄,可是我并没有就此止步,接着就从木刻工具中选择了有代表性的圆刀、平刀、三棱刀,并从这三把刀中引申出三组刀法不同的“点”、“线”、“面”,以此来概括木刻创作中的各种艺术形象。这三组“点”、“线”、“面”经过适当的排列,形成了一个具有装饰性和较为耐人寻味的封面设计。

构图的探索

构图的成败对装帧设计也是至关重要的。构图不仅仅是遵循平衡、均齐、变化、统一等法则把构思中选择的形象在画面上作合理的布局而已,而是运用构图的手段,进一步丰富、提高作品的表现力和感染力。因此,如果在构图上不很好探索和追求,往往会使很好的构思流于一般。反之,巧妙的构图也可以使立意平庸的封面,平添新意。

《外国文艺》封面的构图，我是作了一番苦心经营的。在确定用两个“W”作封面后，对它们的大小、粗细、比例、位置等方面都作了反复推敲，现在的形式是在大量草图中筛选出来的。如果说《外国文艺》封面还有可取之处的话，除了找到两个“W”之外，构图形式也是起了不小的作用的。

《物理教学》这刊物是选用一幅分子运动轨迹图作封面的。一幅图，一个刊名，这在封面上是常见的。如果一般的构图形式，可以把刊名放在上部，图安排在下部；或是把图放在左面，刊名直行放在右边；也可以把图作为底纹，上面叠印刊名，等等。这样的构图，虽然没有明显缺陷，但总感到有凑合的痕迹。经过探索，最后让轨迹图占了整个封面的五分之四，把刊名安放在画面的空隙处，这样文字和画面取得了有机联系，使人感到画面上的流动曲线，在运行中受刊名阻挡而向外扩散。从而加强了线条的动感，而且使刊名与画面成为一体，从而取得了比较理想的艺术效果。

构图形式，如果加以综合归纳，可以找出它的一些基本格式。通过变化、发展，它会产生无穷无尽的形式。一种新的构图形式，有时是由某种因素的启发而出现的，但更多的情况是从一些基本格式中逐步演变而成的。《社会科学》作为一本理论刊物，封面装帧要求严肃、大方。在构图上，我以水平线分割的形式，用一个大色块横贯封面的大部分。这是一个极为普通的构图。后来我在这个基础上，一步一步变化，成了最后的封面形式。

《物理教学》封面

造型的探索

同样的构思和构图，由于造型的不同，它所形成的艺术效果是完全不同的。一幅剪纸形式的马，它显得质朴、粗犷和厚重，而一幅工笔白描的马，却显得清秀、严谨和挺拔。一朵图案形式的花和一朵水墨写意的花，它们也各有不同的格调和情趣。所以造型的探索是绝对不能忽视的，它能形成装帧设计的气质和神韵，体现书籍的属性和风格。

《写作一百例》重版封面是根据初版原作者的构思和构图形式，只是在造型上做了新的塑造，就使封面形成了一个新的面貌。《青年一代》(1980年第1期)封面从“青春似火”这一立意出发，在封面上画了一幅图案形式的“火”。如果这是一幅摄影作品，那很可能变成自然科学杂志封面了。《书林》封面上的那么多“书”，经过简化，去掉了“书”的具体细节，既像书，又像几何形体。这两个封面上的“火”和“书”，都由于经过夸张和变形，使造型显得简炼、含蓄和富有装饰性。又如《中国青年音

《书林》封面

《音乐译文》封面

《芙蓉》封面

乐家演出会》，封面上画了一个用鲜花组成的高音符号，这造型既体现了音乐节目“百花齐放，万紫千红”的立意，又使封面形象丰满和富有生机。

色彩的探索

色彩是装帧设计中最先吸引读者的部分，因此封面色彩的成败往往会影响全局；同时由于装帧设计往往采用装饰色彩，它不受自然色彩的束缚，给我们在色彩运用上提供了更大的自由。

同样的构图和造型，用明快、清新的淡色，或是沉着、稳重的深色；用对比强烈的色彩，或是调和典雅的色彩，都会形成不同的情调和意境，产生完全迥异的艺术效果。

《北京大学校史》封面上是一组照片和一条直行的书题，从构思到构图都显得十分平淡。为了弥补这一缺陷，我把封面上的一组照片用了两种明度一样而色相不同的色彩，这样不仅丰富了封面的色彩效果，而且使原来平稳的构图，在感觉上产生了变化，增加了封面的韵律感。又如《芙蓉》（1982 年第 4 期）作为文艺刊物，我在封面上画了两朵荷花，以求和刊名相吻合，但总感到立意太肤浅了。在色彩处理上，开始时想在灰调的底色上配以两朵色彩明亮的荷花，但由于荷花突出就更加暴露了立意上的缺陷。于是想改用淡色作底，粼白的线描荷花，这样荷花虽然不再突出，但色彩处理太平淡了，将会被淹没在琳琅满目的期刊堆里。于是又试图用两种不同的色彩分别作背景和花朵，透出白色的刊名。这虽然比前一个方案有了进步，但依然感到整个封面比较单调和缺少特色。最后我在背景上用三种对比强烈的不规则色块作衬托，加上黑色的线描荷花和白色刊名，这样既避免了单调，同时又使两荷花经过强烈色块的分割显得扑朔迷离，弥补了立意肤浅的不足，从而使整个封面比较活泼和富有装饰效果。又如《音乐译文》，严格说来封面上就是一行书名，没有其他形象，因此色彩的处理就显得十分重要了。我就利用刊名字体的特点，把由笔画分割成的很多几何形，用四种不同的色彩来充填，使这个封面稍具特色。如果用通常的色彩配置方法，那这个封面将会平淡乏味。

装帧设计中的色彩，不仅可以加强艺术效果，而且有时还可以体现书籍的内容。如《炼钢与炼铁》作为一本学术性的科技读物，我没有在封面上描绘具体形象。为了使封面能与书籍的内容相结合，我特意用铁灰色和黑色以夹墨印的工艺使封面底色由铁灰逐步转化成黑色，像是逐步冷却的钢铁。白色的书题字与深沉的底色取得了对比，为了打破封面色彩的灰暗和单调，在封面的左上角，用耀眼的朱红小色块，露出白色阿拉伯数字（第 X 卷）。这一点红，正像从钢包里流出的火红的钢水。这个封面，虽然并不十分理想，但它是我在运用色彩来体现书籍内容的探索中的一个例子。

书题字的探索

书籍的装帧设计，可以没有任何其他形象，但不可没有文字，因此文字是书籍装帧中不可缺少的组成部分。有时候，它可以成为装帧设计中唯一的艺术形象，是我们可以发挥创造性的又一个天地。

装帧设计的文字，从排列形式去探索，有横式、直式、斜式、折线式、弧线式和曲线式等。从排列位置去探索，有上部、下部、中部、底部、顶部等。从形态比例去探索，有方形、长形、扁形等，以及字形的大小的探索，各种字体的探索等。此外，书题字的分段也是一个方面。如《木刻的实习与创作》这个书题就可有如下几种分段形式：

木刻的实习与创作
木刻的—实习与创作
木刻的实习—与创作
木刻—的—实习与创作
木刻的—实习与—创作
木刻的实习—与—创作
木刻—的—实习—与—创作

就从上面列举的这些方面，就为书题字的探索提供了不少途径。

除了上述几方面可供探索的以外，还可以从书题中去发掘，寻找它的特点，从而去塑造书籍装帧的艺术形象。《外国文艺》是一个例子，《奔流》（1979 年）是一个例子，《当代文艺思潮》又是一个例子。这几个封面都利用拼音书题的某些特点来塑造封面。除了寻找特点之外，还可以从书题字中去创造特点。如《实用汉语 600 句》封面书题就有意识地把“600”加以强调，使它处于突出的地位。但我觉得在分量上还可以加大，于是又把外文书名（此书为汉英对照读物）中的“600”也同样加以夸张，使封面上出现重复的两组“600”，从而强化了它的特点。但是我仍嫌不足，于是又把外文书题中“PRACTICAL”中的“P”字加以变化，成为一个颠倒的“6”

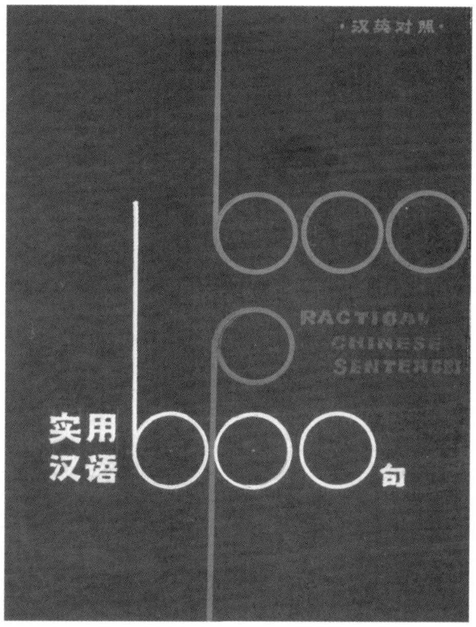

《实用汉语 600 句》封面

《当代文艺思潮》封面

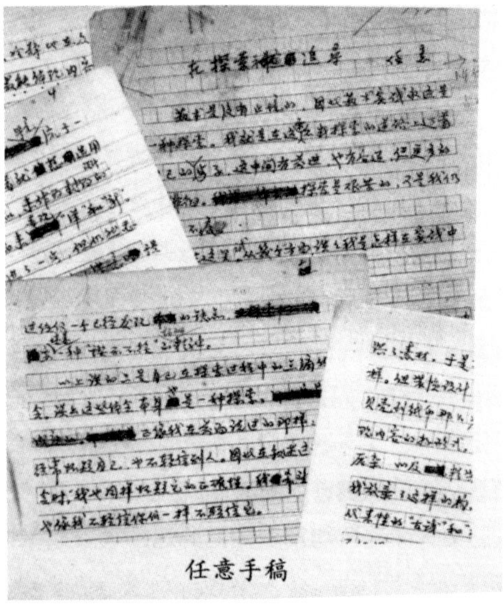

任意手稿

使画面增添了对比、变化，形成了画面的节奏感。

书籍装帧艺术的探索是多方面的，除了以上列举的以外，还有开本、工艺、材料等方面。它没有固定的程序，而是相互启发、相互诱导、纵横交错，来往反复地进行的，而构思又贯穿在整个过程之中。

三十多年的实践，在整体上是一个探索的过程，它是许许多多细小的、局部的探索的积累和总和。如果在这些探索中，有一些进展的话，那么我觉得可以归结为这样几点：

为了探索，必须对自己的专业倾注满腔的热情。三十年来，我对书籍装帧工作是热情而忠诚的，尽管工作中有过苦闷、委屈和困难，但从不后悔，有时我也搞一些其他创作，但都是为了锤炼自己的艺术表现力，为了更好地为书籍装帧服务，这也许是老生常谈，但我始终认为这十分重要，如果我们要想在书籍艺术的实践探索中赢得报偿，这是必要的前提。

为了探索，一定要挣脱思想上不必要的种种束缚。要警惕自己在长期实践中形成的偏见和成见。经验无疑是可贵的，但必须不断地补充和发展，否则就会成为探索中的阻力。我常常怀疑和否定自己，也从不轻信别人，有时甚至喜欢尝试和某些经验“对着干”。郑板桥有过一句名言：“不泥古法，不执己见。”我把它作为座右铭。

为了探索，必须培养丰富的想象力，一定要努力学习，通过各种途径去吸收和积累。必须养成一种习惯，要时时处处以一个装帧工作者的眼光去看待周围的一切，似乎所有的事物都是一幅幅封面，或是可以塑造封面的素材。要善于触类旁通，要从各种各样的文艺学术作品中获得启迪和借鉴。让所见到的形形色色，都成为储藏在头脑中的艺术信息，让它随时变成点燃我们创造灵感的火花。

为了探索，必须有严肃认真的创作态度。决不粗制滥造，不到“山穷水尽”不停笔，要从大量草图中筛选出自己满意的设计方案，要一丝不苟，不放过任何一个已经发现的缺点，要培养一种“锲而不舍”的钻研精神。

以上谈的只是自己在探索过程中的点滴体会。谈出这些体会本身也是一种探索，正像我在前面谈过的那样：我经常怀疑自己，也不轻信别人。因此在叙述这些体会时，我也同样怀疑它的正确性。我希望别人也像我不轻信你们一样不轻信它。

原文曾获1986年全国装帧艺术论文一等奖，本书中此文根据任意草稿整理，与发表时此文章略有出入。

大事年表

1948 年	毕业于上海美专图案系。
1949 年	投身书籍装帧设计工作，先后担任华东人民出版社美术组组长、上海人民出版社美术科科长、上海教育出版社美术编辑室副主任等职。
1957 年	油画《工厂远眺》在上海市青年美术展展出。
	设计作品《江村十论》在华东区书籍装帧展览会上获奖。
1959 年	设计作品《中国货币史》在德国莱比锡国际书籍艺术展中获银奖。
1960 年	版画《工余》在上海展出。
1961 年	版画《织地毯》在上海及全国展出，后收入《上海版画选集》(上海人民美术出版社)。
1962 年	版画《寒山初霁》在上海展出。
	版画《闹市尽头》在上海展出。
	版画《泊》在上海及全国展出，并在《美术》月刊 1962 年第 6 期发表，后收入《中国版画家新作选》(四川美术出版社)。
1963 年	版画《彭浦春色》在上海展出，并在《文汇报》发表。

《椰林怒火》在上海展出。

1964年 版画《红妆素裹》在上海和全国展出，并在《美术》月刊发表，先后收入《版画艺术》(第二辑)(上海人民美术出版社)、英文版《中国现代木刻》(外文出版社)及《中国新兴版画五十年选集》(上海人民美术出版社)等，并先后多次选送出国展览。

1965年 版画《挖旧轨铺新路》在上海和全国展出，并在《人民文学》发表，后收入《中国版画家新作选》(四川美术出版社)并先后多次出国展览。

1979年 设计作品《外国文艺》在全国书籍装帧艺术展获奖。

1980年 设计作品《汉语诗律集》获全国优秀书籍装帧奖。

1981年 设计作品《实用汉语600句》获全国优秀书籍装帧奖。

同年装饰画《树和鸟》参加上海装饰画展。

1982年 设计作品《简明社会科学词典》获上海市优秀书籍装帧奖。

同年装饰画《林鸟》参加上海装饰画展。

1984年5月 调任上海大学美术学院副院长兼工艺美术系主任。

同年装饰画《憩》参加上海装饰画展。

1985 年　设计作品《书林》获全国首届期刊封面设计一等奖。

1986 年　《在探索中追寻》获全国装帧艺术论文一等奖。

1987 年　“中国东方航空公司”标志设计入选。

1988 年　“上海虹桥国际机场”标志设计完成。

同年设计作品《中国美术词典》获华东六省一市优秀书籍装帧奖。

1989 年　设计作品《中国历代服饰》在德国莱比锡国际书籍艺术展中获铜奖。

同年在中国美术馆举办任意、张守义、陈新书籍装帧插图展览。

1990 年　装饰画《栖鸟》参加上海装饰画展。

同年《中国历代货币大系》等 9 件作品参加北京举行的“中日书籍装帧艺术展”。

同年负责主编《上海装饰艺术作品选》，由上海教育出版社于 1991 年出版。

1991 年　设计作品《教育大辞典》获华东六省一市优秀书籍装帧奖。

同年获国务院颁发的“政府特殊津贴”。

1992 年　设计作品《哲学大辞典》获华东六省一市优秀书籍装帧奖。

同年装饰画《华夏之光》、《翔》参加上海装饰画展。

同年“东亚运动会奥林匹克委员会协调委员会”会徽设计国际征稿入选。

1994 年　担任第八届全国美术作品展览上海市评选委员会委员。

同年磨漆画《鸟投林》入选第八届全国美展。

1995 年　装饰画《归帆》、《春》和艺术瓷盘四件参加“95 之秋上海装饰画展”，其中艺术瓷盘一件由上海市美协收藏。

同年完成《上海美术志》中“书籍装帧”部分的撰写工作。

同年完成大型辞书《汉语大词典》（豪华本）的装帧设计工作。

作品图版

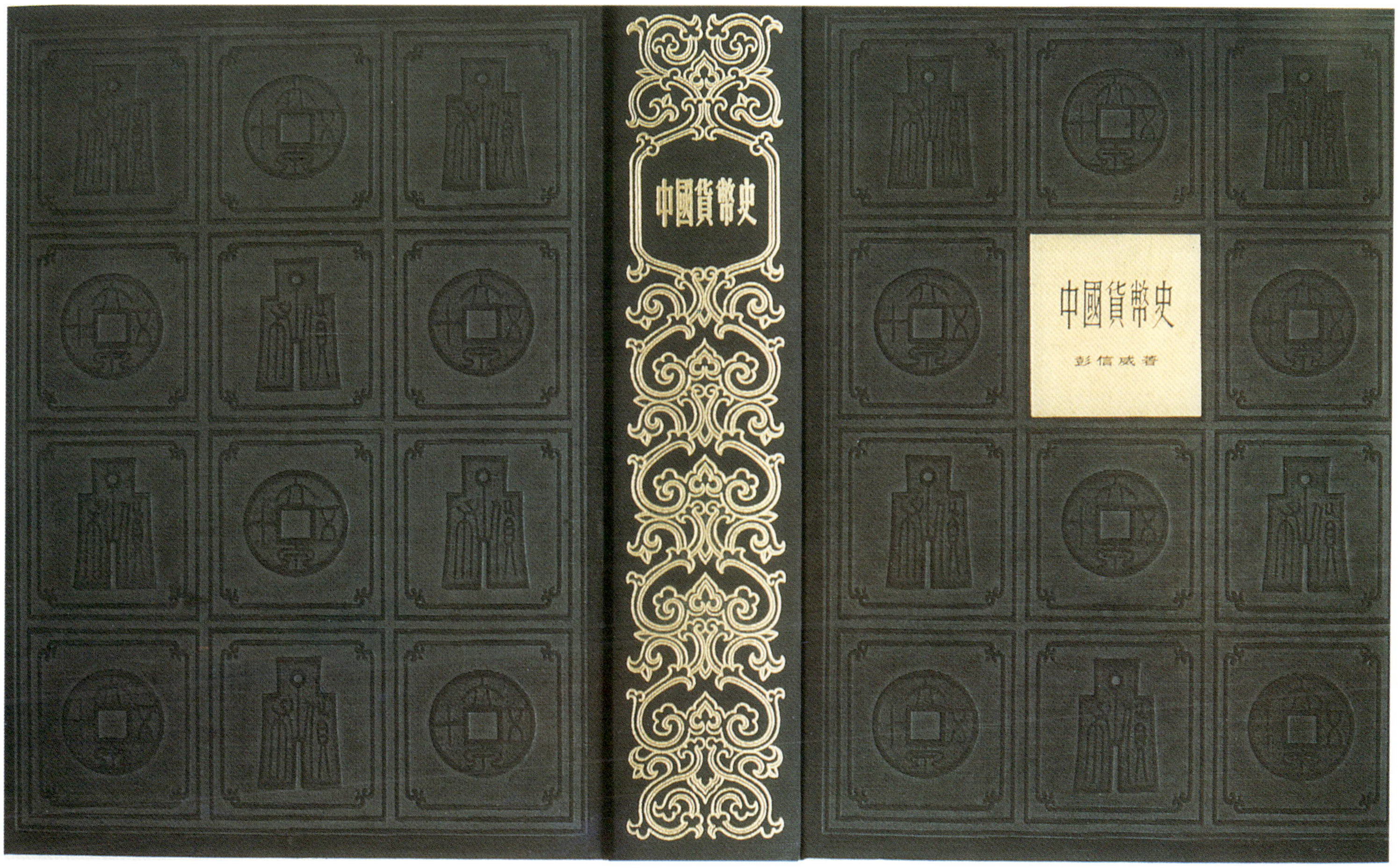

《中国货币史》

1959 年在德国莱比锡国际书籍艺术设计展中获银奖，这也是新中国成立后我国第一次参展所获得的奖项。

封面封底全部用沉静的黑色打底，以示学术性著作的稳重，前后 23 个严整的方块里选择了“布币”和“铜泉（钱）”两种具有代表性的中国古代钱币纹样作装饰，不用颜色，而用凹凸印纹表现，明确地体现了书籍的主旨。在封面的十二分之一中央，书名和作者都置于其中，用烫金处理，打破了黑底色可能的单调沉闷，金色和黑色相映出古典庄重的艺术效果，整体设计主题鲜明，民族气息浓郁。

《中国历代服饰》

1989 年在德国莱比锡国际书籍艺术设计展中获铜奖，这是作者经历“文革”后再次获得该项国际荣誉，时隔 30 年。

深沉的底色和半幅衣饰的构图使流光溢彩变得节制而有底蕴，端庄和厚重透过红彩金饰浮现，强烈的现代感和悠远的历史感有机地展现在同一个画面中。

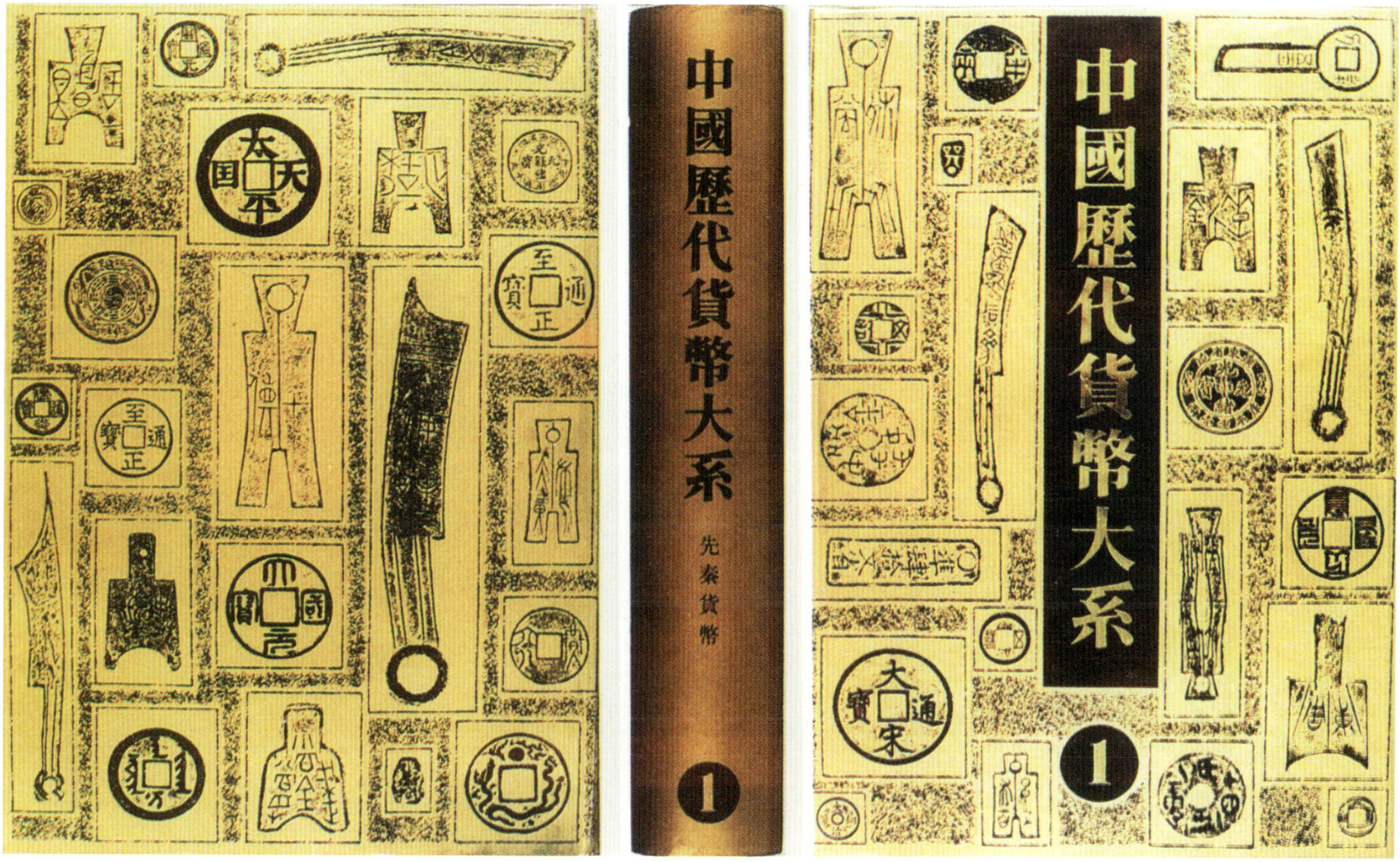

《中国历代货币大系》

1990 年该作品参展中日书籍装帧艺术展。

金色的底色交错叠印着方形和圆形的中国古代钱币纹样，深黑色的方框使得书名呈现阴阳对比的镂空效果，显示了作品的主旨和悠久的历史感。

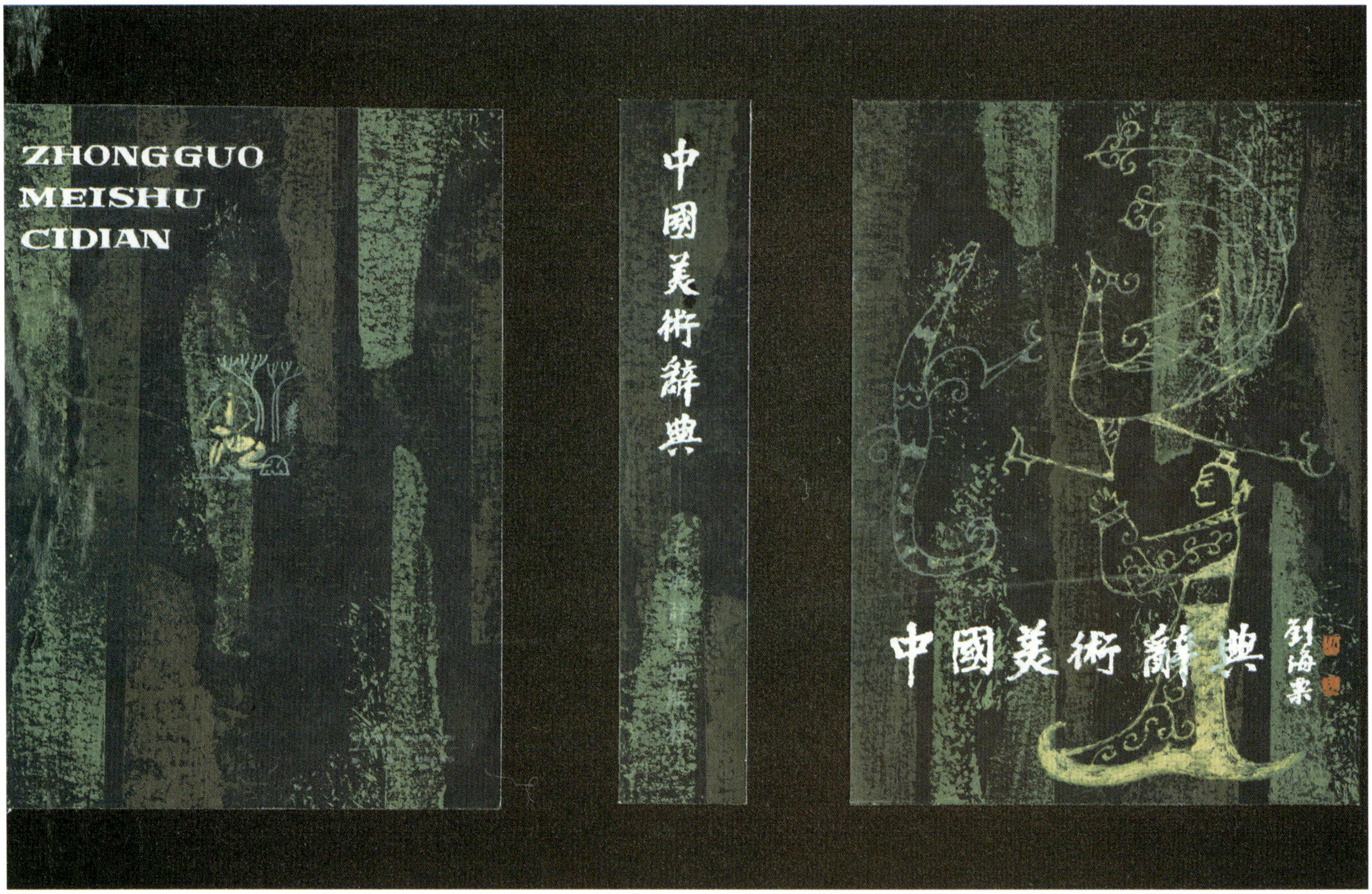

《中国美术辞典》

幽深的蓝色调子和壁画的素雅风格组合成既悠远又形象的意境，体现了中国美术辞典的传统性和艺术性。1988 年获华东六省一市优秀书籍装帧奖。

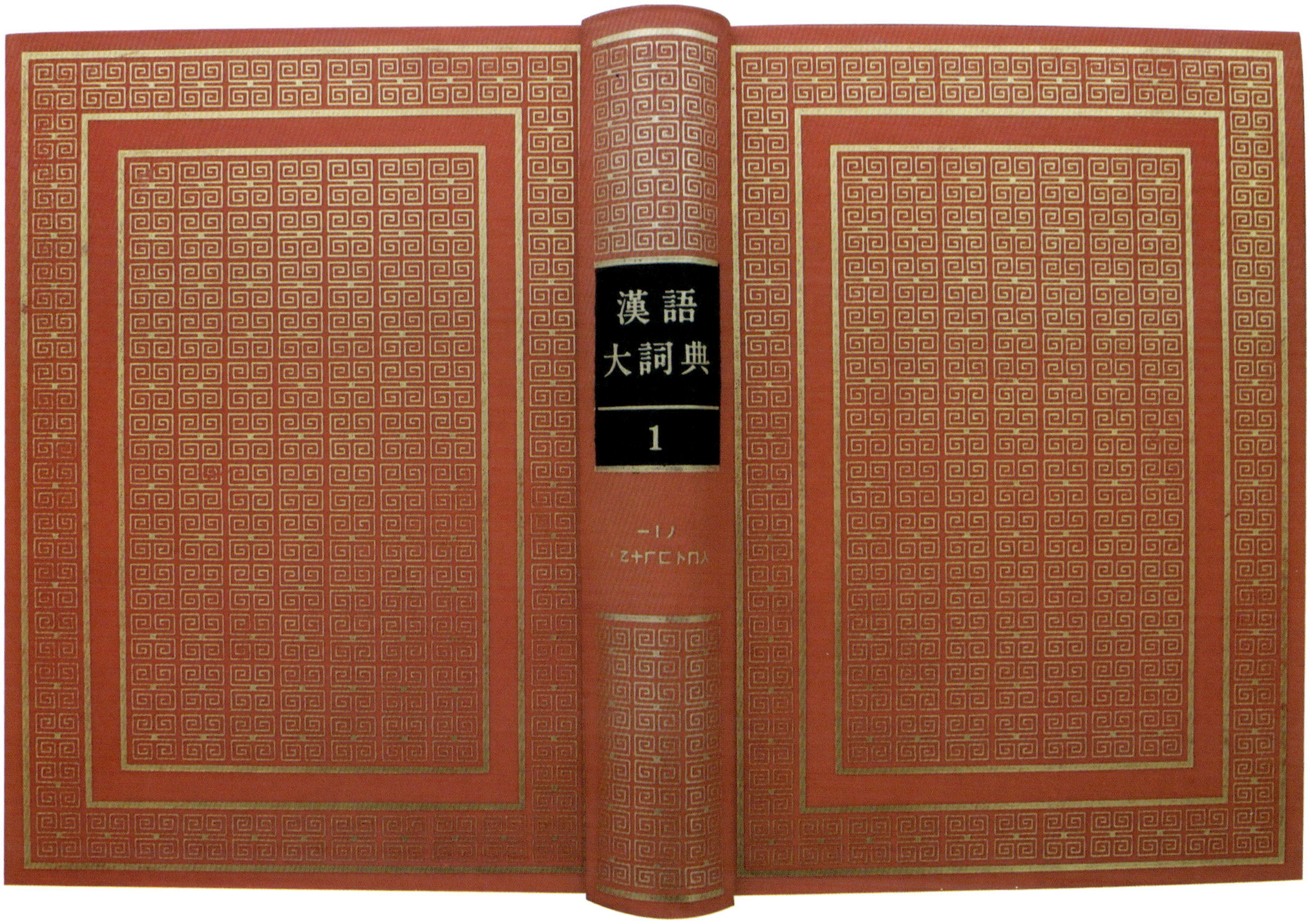

《汉语大词典》（豪华版）

全套词典共有 12 卷，每卷皆装有盒套。全书由红色的漆面（书籍）和绸布质感的纸面（盒套）构成，皆在四周以烫金的齐整花纹装饰，尤其是封面封底，大胆摒弃文字包括书名，采用规则密集的方形花纹图案，组成“方块”图案，寓意中国文字的特征，显得极为豪华富丽，而在书脊上置放书名的黑色，既与封面封底两侧的金纹方块呼应，又压住了红色和金色的漂浮，凸显了全书深沉端庄的经典特征。

《外国文艺》

以“外国”“文艺”两个词语的第一个拼音首字母W，通过组合镶嵌排列，完成了对色彩的分割和文字的布局，简洁而又极具现代装饰意味，很好地体现了期刊的性质。1979年获全国奖，是装帧界的经典案例。

以“W”为标志的《外国文艺》设计风格，一直延续了二十多年。期间有过多种演变，如撕纸、晕染、两个 W 为一个 W 等，每次都给人以面目一新的感觉。

《书林》

以版画意味的交错互叠的书和协调的色彩搭配，体现了这本期刊的内在核心。1985 年获全国首届期刊封面设计一等奖。

《青年一代》

用极为抽象简洁的线条所象征的火焰，很好地传递了青年一代的精神风貌。1981 年曾经获得优秀设计奖。

《芙蓉》

以对比强烈的不规则色块来衬托和分割黑色线描的荷花，使画面更具装饰意味。

《简明社会科学词典》

黑色的背景，金色的图案，凸显出庄重和权威的感觉，1982年获上海市优秀书籍装帧奖。

《江村十论》

封面不着色，用凹凸纹理的环状莲花装饰带出古意，在显出古朴、简单、大气、庄重的浮雕效果的同时，又点出学术含义。此设计在1957年华东区书籍装帧展览会上获奖。

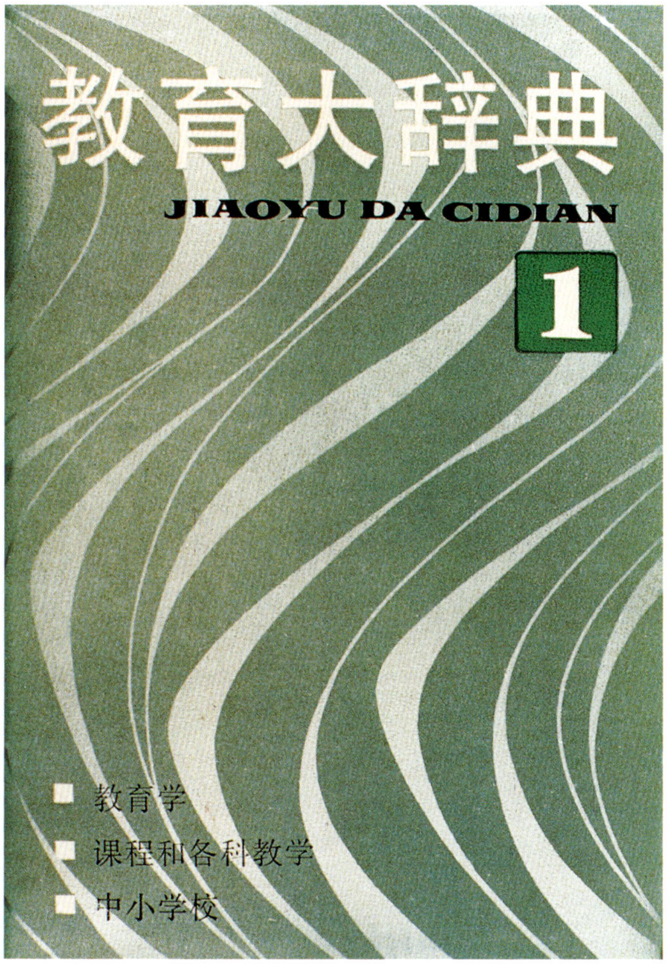

《教育大辞典》

庄重灰色中舞动的亮色，诠释着辞典的严谨和教育是生命成长的含义。1991年获华东六省一市优秀书籍装帧奖。

《教育心理学》

一抹清新的绿色点出了这本心理学著作的论述范畴。

《木刻的实习与创作》

在油墨滚筒拉出的一方颜色上，用圆刀、平刀、三棱刀三种木刻工具所产生的“点”“线”“面”三种刀法设计出具有装饰性的排列。

《黄河故道人》

几棵枯树静立于红褐色的土地，像在叙说曾经经历并即将远去的故事。不动声色的构思，很有意境感的画面，给王安忆的这部小说裁制了一件合身的衣服。

《美化生活》

蓝白灰红黑五色，亦方亦斜不规则图形，结构成三朵含苞欲放的花。画面美感、现代，具有强烈的感染力，在这样的画面上，美化生活不是一个概念，而是呼之欲出的生命力。

世界美术家画库丛书

沉着素净的底色和朴实的底纹，凸显出画家的名字。画本内容已经色彩缤纷，封面干脆反其道而行之，可见设计者的智慧。

《当代英雄》

用俄罗斯民族图案作为这本堪称俄罗斯文学明珠的作品的封面元素，贴切而雅致。

《中国青年音乐家演出团》

鲜花组成的高音谱号，体现音乐节目的百花齐放万紫千红，也体现青年音乐家的生机勃勃。

《中国音乐会独唱歌曲选》

既是“独唱”拼音的第一个拼音字母“d”，又是装饰意味的音乐符号，巧妙地传递出书籍的内容。色彩运用的赏心悦目，书名位置、书名字体的恰到好处，显示着设计者不凡的功力。

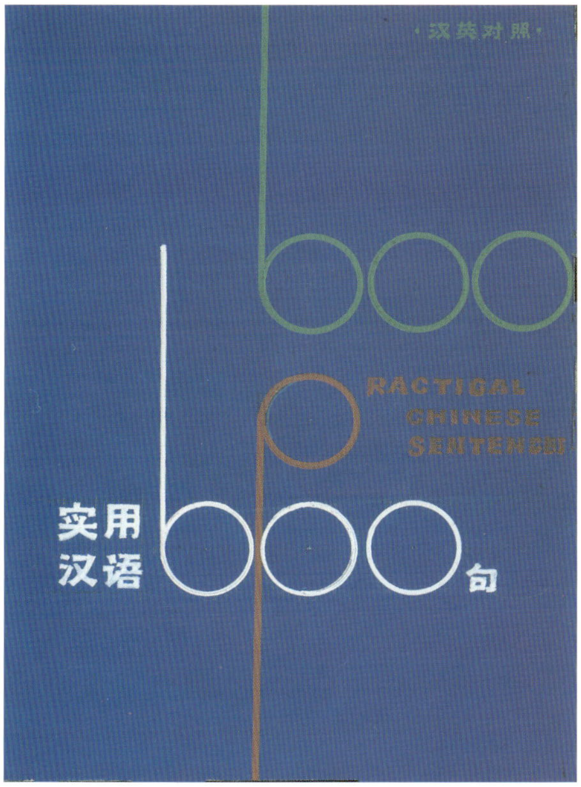

封面设计手绘样稿

数字和字母的巧妙设计，也能够别出心裁地把玩出一些意味来。

CHUAN JIAO SHI
YU
JIN DAI
ZHONG GUO
传教士与近代中国

服装美学
孔寿山，著
穿着艺术与科学

陈元晖著
论冯特

马克思
恩格斯
思想史

封面设计手绘样稿

无论构思、立意、构图、色彩，每一个设计，几乎每一次都是标新立异又与书籍内容丝丝入扣。

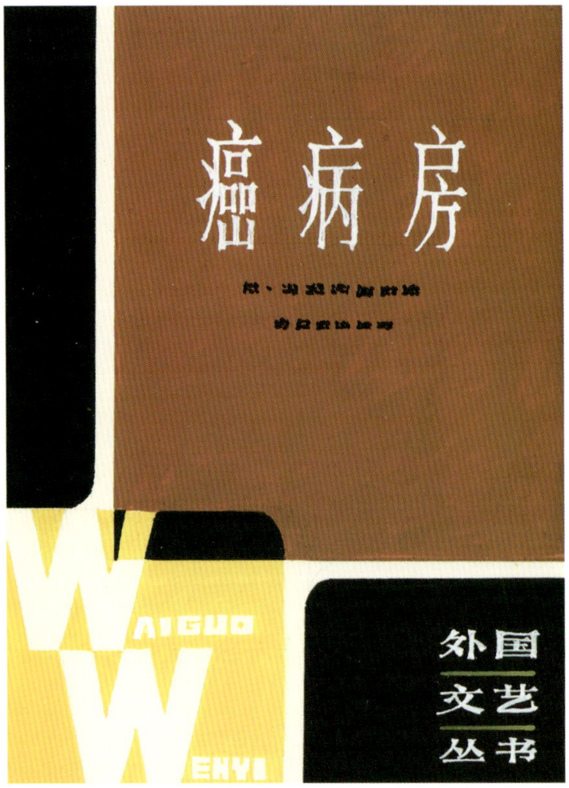

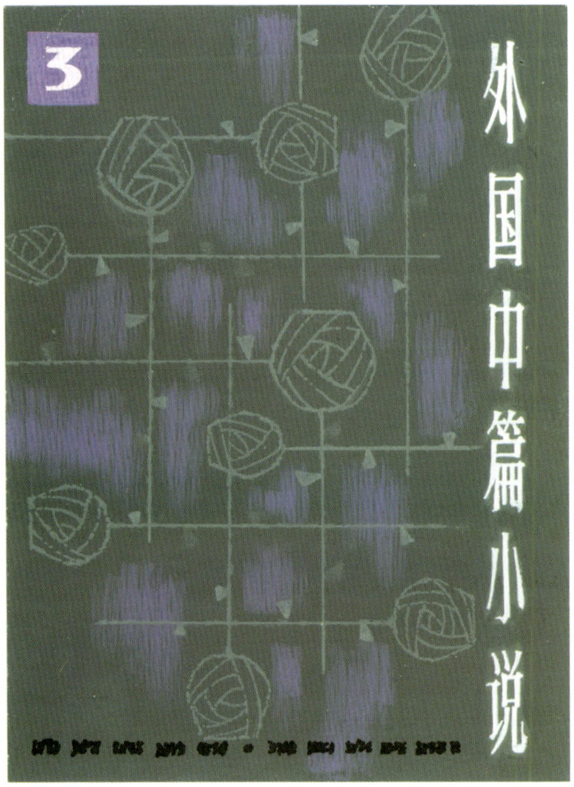

封面设计手绘样稿

每一张封面，都来自手绘，它与印刷品的距离只是毫厘。当之无愧的“独具匠心”，已后无来者。

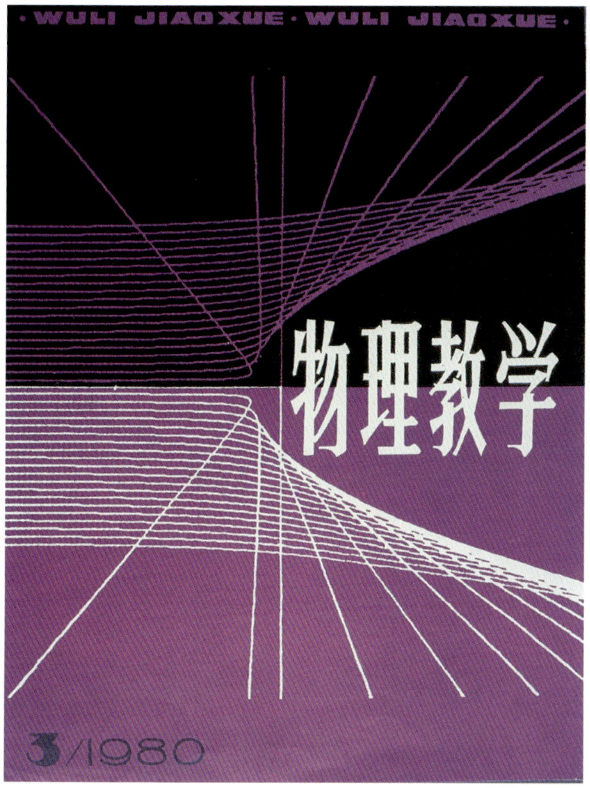
·WULI JIAOXUE·WULI JIAOXUE·
物理教学
3/1980

小说
选刊
1982/1

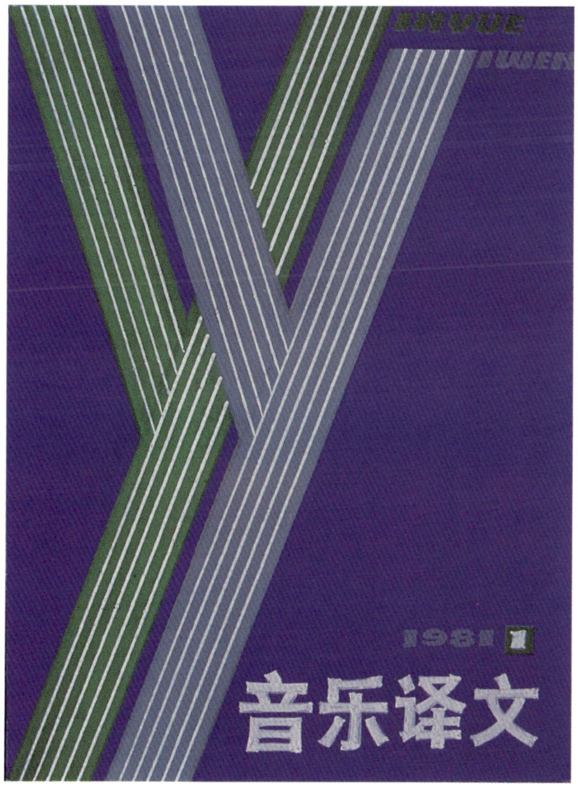
1981 1
音乐译文

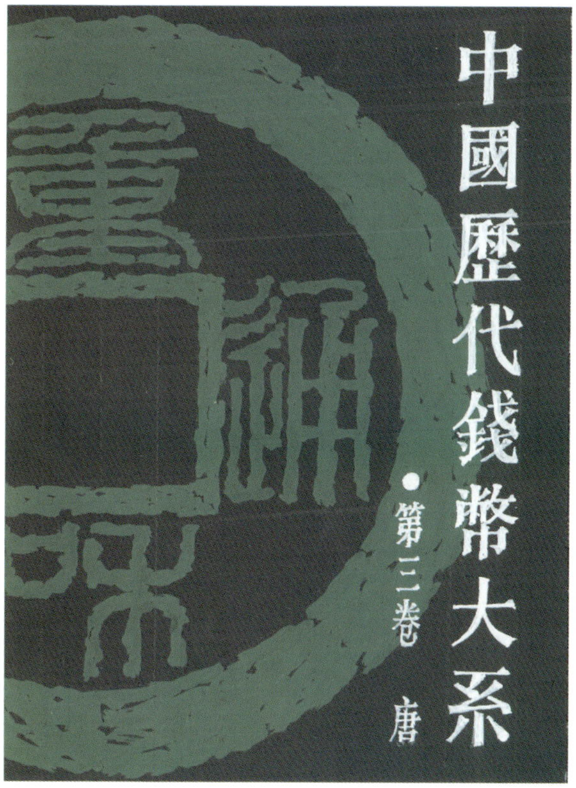
中國歷代錢幣大系
·第三卷 唐

第1辑
张英浩 陈培荣 夏葆元作
水彩画
上海人民美术出版社编辑出版

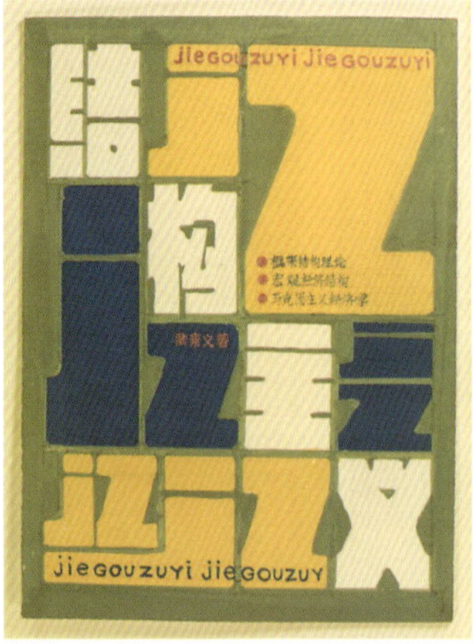
jieGOUZUYi jieGOUZUYi
结构主义

青年一代
1987 3

RONGXIAN
绒线编结法
上海科技出版社出版

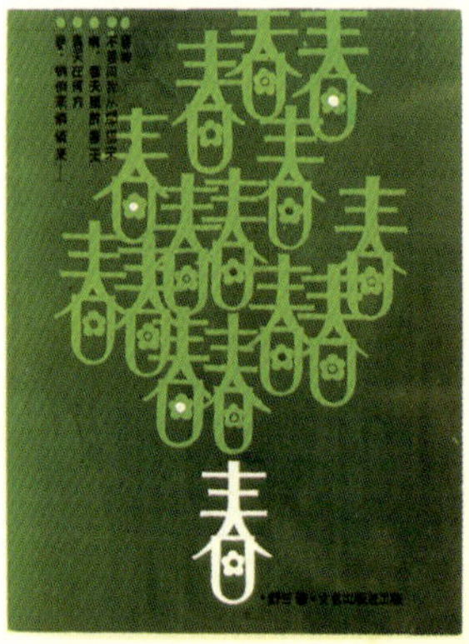
春

出版史料
CHUBANSHILIAO 1

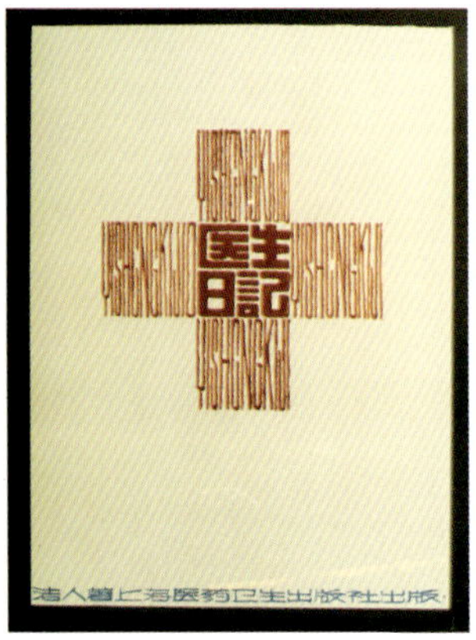
医生日記

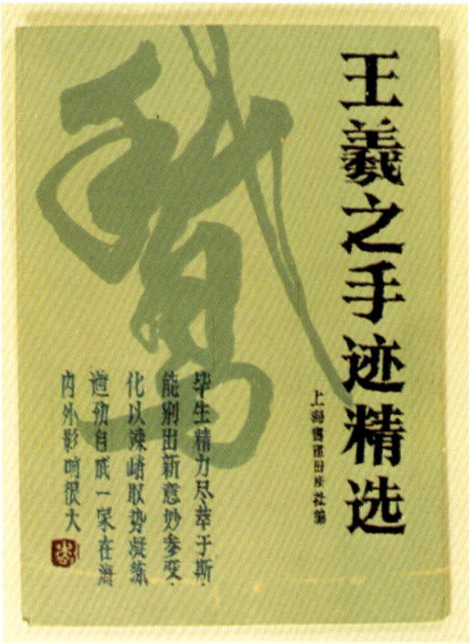
王羲之手迹精选

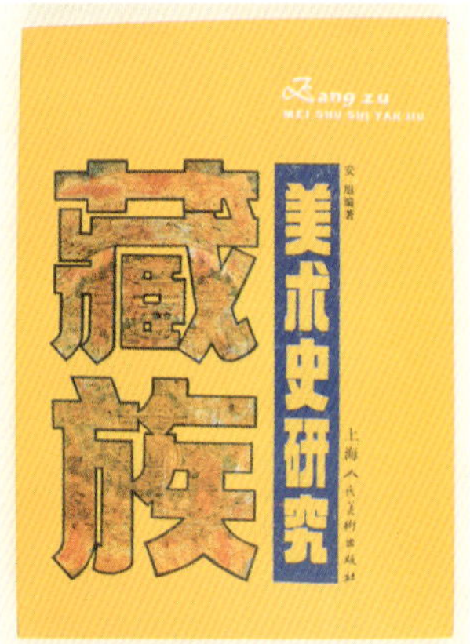
藏族
美术史研究

封面设计手绘样稿

只用最基本的文字符号，一样的达意和千姿百态。

东方航空 logo

白色的燕子剪影组合成字母 E，象征着东方银燕，飞翔在蓝色的海洋和红色的朝阳之间，轻盈而稳健。

虹桥机场 logo

大写字母 H 意味着“虹桥”，A 指代着“机场”。两个字母巧妙地组合演化成一架雄鹰，下半部的绿色代表陆地，上半部的蓝色代表天空，飞机从陆地直升天空，紧扣着机场之意。

第一届东亚运动会 logo

由带有强烈书法意味的、象征着“东亚”的英文大写字母 E 和表示第一届的数字 1 组合成汉字“中”，紧扣着举办地“上海”。同时，红色的 E 既给人以燃烧的火炬感觉，象征着奥运会更快更高更强的宗旨，也有着运动着健美的人体意味。

红装素裹 版画

取材于洞庭西山，表现山区农村的新貌。作品装饰手法强烈，在构图、色彩都颇具特色。1960 年发表于《美术》，收入外文版《新中国木刻选》《版画艺术》《中国新兴版画五十年选集》等书籍。1964 年在上海和全国展出，后又多次去国外展出。

织地毯 版画

1961 年在上海和北京展出，后收入《上海版画选集》。

泊 版画

1962 年发表于《美术》，收入四川人民出版社出版的《中国版画家新作选》，在上海和北京展出。

栖鸟 装饰画

1981 年参展上海装饰画展。

树与鸟 装饰画

1990 年参展上海装饰画展。

瓶花　水彩画

绽放的姿态：热烈和沉静。

后　记

“上美·足迹”系列丛书采用个案研究的方式，通过对代表性美术教育家的访谈采写，记载留存上海美术教育的鲜活的一手史料，同时搜集整理教育家的作品图像与文字资料，总结美术教育家们的艺术教育经历。2014年，这套丛书经上大美院学术委员会以及学院领导班子的集体讨论，决定予以项目立项，并获得了上海高校“美术学”高峰学科建设项目的经费资助。美院史论系、设计系的师生们予以本项目大力支持。史论系的李超教授，设计系的董卫星教授、杜士英教授都亲力亲为给予了各种指导与帮助。

该系列丛书通过回顾20世纪下半叶美术教育的历史，展望上海美术教育前景，为上海老一辈美术教育者著书立传，梳理前辈教育理念，以继承传统、前瞻未来。该丛书的意义，在于光大海派美术教育理念，服务上海美术教育的学科建设，为后来者建立可资借鉴的精神风范，树立从艺与治学的典范和楷模。

《上美·足迹　任意》这本分册得以出版，得到了各方的通力合作。因为任意老师过世多年，家属后来也从事其他行业，各方资料散落，整理起来有一定的困难。我经历了美院的搬迁，人员更迭，相对比较了解美院的历史，所以想方设法联系到了当年与任意老师有关的师生、朋友等，安排团队进行访谈。所幸一切顺利，大家都齐心协力，十分投入和配合。

胡建君老师是本书的主编，从项目立项，访问家属，文字搜集，图片整理，到最后排版，都事无巨细地指导、关心项目进展的每一步，认真纠正编辑过程中出现的每个不足的地方。胡老师总是说，老先生已经离开这个世界了，生前为美院、为学生付出了一辈子，却没有为自己整理过一本专门的传记图册，我们既然接手这个项目，就要做好，尽己所能地将老先生的生平和作品完美呈现出来，给后人一个交代，为上海美术教育记下重要的一笔。

任意的子女对于学院要为父亲出书表示大力支持和衷心感谢，此书中大部分文字、图片都是由他们合力提供的。他们不仅对团队上门采访热情接待，全程配合，还热心协助我们的书籍编排工作，日以继夜地修订文字、调整图片，每个细节都精心考虑，并多次来美院与相关设计人员交接，为调整全书排版付出了大量心血。

许承兴老师当年是任意老师的学生，与任意老师有着深厚的感情。此次出书，许老师配合团队做了近三个小时的回忆访问，更真情流露，一度在采访过程中热泪盈眶，随后更亲自修改采访稿，捐献给学校大量珍贵的历史照片。另外，任意老师当年的门生——美院刘森林老师以及上海东方国际拍卖品公司艺品部经理诸焕庆等都接受了访谈。任意老师的学生沈文琪，还带动当年班上的学生们一起进行回忆，撰写文稿。

团队成员中，王文澄作为学生组长统筹，在编辑过程中数次上门访谈、扫描图片、整理资料，并进行初步排版、校对，为书籍出版付出了大量时间和精力，功莫大焉。徐世云、徐蓉蓉、倪潇泽等作为编辑团队成员，也采访、整理了大量材料。张纪主要负责书籍的整体装帧设计与版面编排等工作，不厌其烦地多次修改排版，力求本书尽善尽美。

为了将艺术家的艺术人生、教育教学成果完整地记录，本套丛书在编写过程中引用了部分专家学者对于艺术家的研究文章，在此一并致以最诚挚的感谢。

每一位团队成员都孜孜矻矻、勤勤恳恳地对待书稿编排中的每一个细节，使得本书能顺利付梓。这套“上美·足迹”丛书对于保存20世纪以来上海美术教育的历史，传承与发扬上海美术教育的成果，具有非常重要的意义。

李　薇

2015年11月

图书在版编目（CIP）数据

上美•足迹　任意 / 胡建君主编. —上海：上海大学出版社，2015.12

ISBN 978-7-5671-2040-2

Ⅰ. ①上…　Ⅱ. ①胡…　Ⅲ. ①任意—生平事迹②设计—绘画评论—中国—现代—文集　Ⅳ. ① K825.72 ② J-53

中国版本图书馆 CIP 数据核字（2015）第 284628 号

总 策 划　汪大伟
图版作者　任　意
主　　编　胡建君
编辑团队　王文澄　徐世云　徐蓉蓉　倪潇泽
装帧设计　杜士英　张　纪　陆晓雯　郭二伟
版面编排　张　纪
项目统筹　李　薇

责任编辑　柯国富
技术编辑　金　鑫　章　斐

书　　名　上美•足迹　任意
主　　编　胡建君

出版发行　上海大学出版社
社　　址　上海市上大路99号
邮政编码　200444
网　　址　www.press.shu.edu.cn
发行热线　021-66135112
出 版 人　郭纯生

印　　刷　上海主人印刷厂
经　　销　各地新华书店
开　　本　635×965　1/8
印　　张　14
字　　数　270千
版　　次　2016年1月第1版
印　　次　2016年1月第1次
书　　号　ISBN 978-7-5671-2040-2/K•143
定　　价　220.00元